KB260239

하 나 님 이 가 라 사 대

"내가
항상 너와
함께 하마"

하 나 님 이 가 라 사 대

"내가 항상 너와 함께 하마"

박형용 편저

기쁨과 감사의 샘

그동안 출판된 여섯 권의 "하나님이 가라사대" 시리즈의 부제는 "감동의 샘," "행복과 지혜의 샘," "웃음과 재치의 샘," "건강한 삶의 샘," "격려의 샘," 그리고 "안식과 평강의 샘"으로 되어 있다. 이제 "하나님이 가라사대" 시리즈의 마지막 책인 "내가 항상 너와 함께 하마"의 부제는 "기쁨과 감사의 샘"이다. 각 책의 부제를 "샘"(Spring)으로 묘사한 것은 본 시리즈의 내용들이 우리의 삶을 건강하고 풍요한 삶으로 만들 수 있는 에너지를 제공하리라 생각했기 때문이다.

필자는 우리가 즐겁게 살도록 하나님께서 창조하셨다고 믿는다. 그러나 인간의 죄로 인해 우리 앞에는 근심과 걱정과 불평과 불만이 마를 날이 없게 되었다. 하지만 우리가 우리의 삶을 어떤 관점에서 보느냐에 따라 우리의 삶이 전개되는 모습도 크게 다르게 될 것이다.

필자는 본 시리즈를 통해 독자들에게 기쁨과 웃음을 제공하고 우리들의 삶을 밝은 색깔로 그리는데 약간의 기여를 하리라 확신한다. 필자는 "하나님이 가라사대" 시리즈의 마지막 책인 본서도 기쁨과 감사가 넘치는 우리의 삶이 되도록 신선한 충격을 제공하리라 믿는다. 하나님은 어떠한 경우에도 우리를 버리지 않으시고 우리와 항상 함께 하실 것이다. 왜냐하면 우리 신자들은 그의 자녀들이기 때문이다.

그동안 여러 가지 어려운 형편에도 불구하고 오직 사명에 붙잡혀 "하나님이 가라사대" 시리즈 전체 7권을 출판하신 도서출판 좋은미래의 대표이신 오광석 목사에게 심심한 감사의 마음을 전하고 싶다.

편저자 박형용

목차

4부 웃음 이야기

그리스도의 십자가는 하나님과 죄인을 화목하게 하는 유일한 방법입니다.
"십자가의 도가 멸망하는 자들에게는 미련한 것이요 구원을 받는 우리에게는
하나님의 능력이라."(고전1:18)

본문 [십자가를 보는 눈] 중에서

1부

감동 이야기

흰 늑대와 검은 늑대

　한 인디언 추장이 손자들과 이야기를 나누고 있다. "우리의 마음속에는 흰 늑대와 검은 늑대 두 마리가 살고 있단다. 흰 늑대는 좋은 일, 착한 생각을 하는 늑대요, 검은 늑대는 나쁜 일, 악한 생각만 하는 늑대이지. 그래서 둘이 늘 다투고 싸운단다." 그때 한 손자가 물었습니다. "할아버지, 그러면 두 늑대 중 어느 늑대가 이겨요?" 할아버지 인디언 추장이 대답했습니다. "응, 그래 내가 먹이를 주는 녀석이 이기지!!"

한국밀알선교단 단장 제공, 밀알보, 2010년 2월호, 통권 360호, p. 4
이민우

153마리의 물고기와 볼펜 이야기

문구(文具)류 가운데 모나미 153 볼펜만큼은 오랫동안 생산가에도 못 미치게 손해를 보면서 판매하였습니다. 그렇다면 그동안의 물가 상승과 인건비, 생산가에 비교하면 그 회사는 망해야 마땅합니다. 그런데 지금까지도 승승장구하고 있습니다. 아니, 이제 우리나라뿐 아니라, 전 세계로 수출하고 있습니다. 후진국에서는 우상처럼 선호하는 상품이 되었고, 선진국에서도 고품질 상품으로 인정받게 되었습니다.

이 모나미 볼펜을 생산하는 회사는 1963년 5월 1일 광신화학으로 출발한 문구류 회사로서 오너(owner)는 신실한 크리스천 송삼석 회장이었습니다. 그는 일찍이 여러 가지 사업에 손을 대며 빈번한 실패를 거듭하였으나 그 때마다 실망하거나 포기하지 않고 오직 믿음으로 하나님 앞에 엎드려 기도했습니다. 그러던 어느 날 말씀을 묵상하는 가운데 요한복음 21장을 읽게 되었습니다.

"예수님께서 십자가에 죽으신 후 예수님의 수제자 베드로는 실망하고 낙심한 나머지 물고기나 잡으러 가자했을 때에 다른 제자들도 함께 가자하여 따라 나섰습니다. 그런데 그날 밤 한 마리의 고기도 잡지 못했습니다. 베드로는 날이 새려 할 때에 고기잡이를 포기하고 그물을 거둬 호숫가로 나가려 하는데 부활하신 예수님께서 나타나셨습니다. 그러나 그 때 베드로는 그 분이 부활하신 예수님이신 줄도 몰랐습니다. 예수님께서는 베드로에게 고기가 몇 마리 있느냐고 물으셨습니다. 물론 베드로는 한 마리 고기도 잡지 못했기에 없다고 말씀드렸습니다. 그 때 주님께서 배 오른편에 그물을 내려 고기를 잡으라고 명령하셨습니다. 베드로는 그대로 순종했습니다. 그랬더니 고기가 그물을 들 수 없을 정도로 많이 잡혔습니다. 그 때에 주님께서 베드로에게 내가 예수라고 밝히셨습니다. 그는 배에서 내려 주님을 맞이했습니다. 다른 제자들 역시 그물을 끌로 왔습니다. 주님은 이미 숯불을 피우고 적사 위에 생선을 올려 굽고 계셨으며, 떡도 준비해 놓으셨습니다. 주님께서 고기 좀 가져오라 하시기에 그물을 끌어올려 잡힌 고기를 세어보니 153마리였습니다."

송 회장은 이 부분에서 하나님께서 주신 아이디어를 붙잡았습니다. 곧 153이라는 숫자입니다. 그래서 이 숫자를 자신의 회사에서 생산하는 모나미 볼펜에 새겨 넣기로 결심했습니다. 앞으로의 남은 삶은 오직 예수님 안에서만 살기 위함이었습니다.

그런데 이게 웬일입니까? 놀라운 일이 벌어졌습니다. 판매 실적이 부진했던 모나미 볼펜은 드디어 날개 돋친 듯 팔려나가기 시작했고, 그 후로도 50여 년 동안 국내뿐 아니라, 세계적인 상품으로까지 자리매김하고 있습니다.

기독교호남신문 2011 년 7월 31일 주일
(김승연 목사의 세상을 바라보는 칼럼)

처칠과 플레밍 (Churchill and Fleming)

His name was Fleming, and he was a poor Scottish farmer. One day, while trying to eke out a living for his family, he heard a cry for help coming from a nearby bog. He dropped his tools and ran to the bog. There, mired to his waist in black mulch, was a terrified boy, screaming and struggling to free himself. Farmer Fleming saved the lad from what could have been a slow and terrifying death.

(그의 이름은 플레밍이었고 그는 가난한 스코틀랜드 농부였다. 하루는 그가 그의 가족의 생계를 이어나가려고 노력하고 있을 때, 그는 근처에 있는 습지로부터 들려오는 도움을 요청하는 소리를 들었다. 그는 농사 장구들을 내려놓고 급히 습지로 달려갔다. 거기에 온통 새까만 짚 풀이 섞인 수렁에 그의 허리까지 빠져서 겁에 질려있는 한 소년이 비명소리를 지르며 스스로를 곤경에서 빠져나오려고 애쓰고 있었다. 농부인 플레밍은 서서히 그리고 겁에 질려 죽어갈 수밖에 없는 상황에서 그 소년을 구했다.)

The next day, a fancy carriage pulled up to the Scotsman's sparse surroundings. An elegantly dressed nobleman stepped out and introduced himself as the father of the boy Farmer Fleming had saved. "I want to repay you," said the nobleman. "You saved my son's life."

(다음날 한 고급스런 마차가 인구가 많지 않은 스코틀랜드 사람 플리밍의 집 근처에 도착했다. 한 고상한 복장을 한 귀족이 마차에서 내려 자신이 농부 플레밍이 구한 아이의 아버지라고 소개했다. 그 귀족은 "당신이 내 아들의 생명을 살렸소," "나는 당신에게 보상을 하고 싶소"라고 말했다.)

"No, I can't accept payment for what I did," the Scottish farmer replied, waving off the offer. At that moment, the farmer's own son came to the door of the family hovel. "Is that your son?" the nobleman asked. "Yes," the farmer replied proudly.

"I'll make you a deal. Let me take him and give him a good education. If the lad is anything like his father, he'll grow to a man you can be proud of."

(스코틀랜드 농부는 손을 저으면서 "아니요, 나는 내가 한 일에 대한 보상을 받을 수 없소"라고 대답했다. 그 순간 농부

의 아들이 가족들이 사용하는 곳간의 문으로 달려 나왔다. 그 귀족이 "저 아이가 당신의 아들입니까"라고 물었다. "예, 그렇습니다." 라고 농부가 자랑스럽게 대답했다. 그 귀족이 "내가 당신과 거래를 하겠소. 내가 그를 데리고 가서 좋은 교육을 시키겠소. 만약 저 아이가 그의 아버지를 닮았다면, 그는 당신이 자랑스럽게 생각할 그런 어른으로 자랄 것이요" 라고 청했다.

And that he did. In time, Farmer Fleming's son graduated from St. Mary's Hospital Medical School in London, and went on to become known throughout the world as the noted Sir Alexander Fleming, the discoverer of penicillin.

(그 귀족은 그렇게 약속을 지켰다. 시간이 흘러 농부 플레밍의 아들은 런던에 위치한 성 매리 병원 의과대학을 졸업했고 후에 페니실린 약을 발견한 유명한 알렉산더 플레밍 경으로 세계적으로 잘 알려진 사람이 되었다.)

Years afterward, the nobleman's son was stricken with pneumonia. What saved him? Penicillin.

(수년 후에 그 귀족의 아들이 폐렴에 걸렸다. 무엇이 그를 살렸는가? 바로 페니실린이었다.)

The name of the nobleman? Lord Randolph Churchill. His son's name? Sir Winston Churchill.

(그 귀족의 이름은 무엇이었는가? 그의 이름은 랜돌프 처칠 경이었고, 그의 아들의 이름은 윈스톤 처칠 경이었다.)

Someone once said, "What goes around, comes around."

(어떤 이가 "돕는 손길은 다시 돌아 온다"고 말했던가.

편저자 번역

스펄젼과 지옥 (Spurgeon and the Hell)

Spurgeon once preached at a church in England. He said, "If you do not repent, you will go to hell." After the meeting, a elderly woman approached Spurgeon and said, "you are the most unholy minister of God I have ever heard." Then Spurgeon, looking at the old woman, said "you know only half of me."

(스펄젼 (Spurgeon) 목사님이 영국의 한 교회에서 설교를 했다. 스펄젼 목사님이 "만약 당신이 회개하지 아니하면 당신은 지옥에 갈 것이다."라고 설교했다. 집회가 끝난 다음 한 나이 많으신 할머니가 스펄젼 목사님께 다가와서 말하기를 "당신은 내가 지금까지 들어 본 목사님들 중 가장 거룩하지 않은 하나님의 사역자입니다."라고 말했다. 그때에 스펄젼 목사님께서 그 할머니를 바라보면서 대답하기를 "당신은 단지 저의 절반만을 알고 있을 뿐입니다."라고 말했다.)

McKay Caston 목사 제공 2012년 7월 6-14일 Ridge Haven 의 PCA Summer Conference에서. 스펄젼이 그렇게 말한 이유는 자신도 때로 회개하지 못한 그런 일들을 알고 있기 때문이었다.

박형용 번역 및 제공

노불리스 오블리쥬 (Noblesse Oblige)

1941년 케네디(Kennedy)는 하버드법과대학원 재학 중 육군 장교 후보생 시험, 해군장교 후보생 시험에서 잇따라 낙방하였다. 그는 억만장자 아버지에게 애절한 편지를 썼고 아버지는 정계와 군(軍)의 인맥을 움직여 아들을 해군에 집어넣었다. 모두가 2차 대전에 참전하는데 이 국민 대열(隊列)에서 낙오하게 되면 장래 나라의 지도자는 커녕 어떤 공직에도 갈 수 없는 것이 당시 미국의 도덕률이었다. 이렇게 해군에 들어가 훗날 남태평양 전투에서 큰 부상을 입은 그는 평생 진통제와 각성제의 힘으로 살아 나갔다.

트루먼(Truman)은 안경이 없으면 장님과 마찬가지인 지독한 근시였다. 그런 그가 1차 세계대전에 포병 대위로 프랑스에서 싸웠다. 군대에 입대하기 위해 시력검사표를 달달 외워서 신체검사를 통과한 덕분이다.

케네디와 트루먼의 이야기는 어수룩하게 보이는 미국이 사실은 무서운 나라라는 것을 보여준다.

　1차 세계대전이 막바지를 향해 치달던 1916년 6월 영국군은 프랑스 북부 솜강(江) 지역 전투에 25개 사단을 투입했다. 돌격 명령과 함께 영국 젊은 병사들은 40kg 가까운 군장(軍裝)을 짊어지고 독일 군 기관총 총구(銃口)를 향해 온몸을 드러낸 채 진흙탕을 달려 나갔다. 소대와 분대의 앞장을 선 것은 귀족 또는 옥스퍼드와 케임브리지 대학 출신의 젊은 소위들이었다.

　전투 첫날 7만 여명의 영국군이 전사했다.

　그로부터 30년이 지난 1950년대 차례로 영국 총리를 지낸 애트리, 이든, 맥밀런이 이런 지옥과 같은 1차 세계대전의 생존자들이었다. 세 사람은 전쟁이 끝나고 대학에 복학(復學)했으나 함께 전쟁에 나갔던 학우(學友)의 3분의 1은 끝내 학교로 다시 돌아오지 못했다. 50세 이하 영국 귀족의 20%가 1차 대전에서 전사했다.

　클레멘트 애트리(Clement Attlee:1883-1967)는 옥스퍼드(Oxford) 출신으로 영국 노동당 당수를 지냈고(1935-1955) 영국 총리를 지낸(1945-1951)바 있다. 그리고 애트리 총리는 인도의 독립을 허락하기도 했다. 앤소니 이든(Anthony

Eden: 1897-1977)도 옥스퍼드 출신으로 처칠(Churchill: 1874-1965)이 총리를 사임하자(1951-1955) 처칠을 이어 영국 총리(prime minister)를 지냈다(1955-1957). 처칠은 2차 대전 기간 중 영국 총리를 역임한바 있다(1940-1945). 처칠은 독일과의 전쟁이 진행되는 가운데 1940년 5월 13일 House of Commons 앞에서 "I have nothing to offer but blood, toil, tears, and sweat." (나는 피와 분투와 눈물과 땀 이외에 아무것도 제공할 것이 없다)라고 말했다. 그리고 해롤드 맥밀런(Harold Macmillian: 1894-1986)도 옥스퍼드 출신으로 영국 총리(1957-1963)를 지낸 분이다.

류태영의 사랑 편지 제공 2018년 7월 4일,
박형용 자료보충 편집

What Happens
In Heaven When We Pray?
(우리가 기도할 때 하늘에서는 무슨 일이 일어나는가?)

I dreamed that I went to Heaven and an angel was showing me around. We walked side-by-side inside a large workroom filled with angels. My angel guide stopped in front of the first section and said, "This is the Receiving Section. Here, all petitions to God said in prayer are received."

(나는 하늘에 가서 한 천사가 나를 데리고 구경시켜주는 꿈을 꾸었다. 우리는 천사들로 가득 찬 큰 사역 방을 나란히 걸었다. 나를 안내하는 천사가 방의 한 구역 앞에서 머물러 서서 말하기를, "이 곳은 수납하는 장소입니다. 여기서 성도들이 기도로 하나님께 드리는 간청이 수납됩니다.")

I looked around in this area, and it was terribly busy with so many angels sorting out petitions written on voluminous paper sheets and scraps from people all over the world.

(나는 이 지역을 둘러보았다. 이 곳은 온 세상에 사는 사람들이 종이에 써서 청원한 엄청난 분량의 청원서들을 많은 천사들이 정리하느라 대단히 분주한 모습이었다.)

Then we moved on down a long corridor until we reached the second section.

(그 후 우리는 긴 복도를 내려가 결국 두 번째 구역에 도달했다.)

The angel then said to me, "This is the Packaging and Delivery Section. Here, the graces and blessings the people asked for are processed and delivered to the living persons who asked for them." I noticed again how busy it was there. There were many angels working hard at that station, since so many blessings had been requested and were being packaged for delivery to Earth.

(그 천사는 그 때에 나에게 말했다. "이 곳이 포장하고 배달하는 구역입니다. 여기서 백성들이 요청한 은혜들과 복들이 정리되고 그것들을 요청한 살아 있는 사람들에게 전달됩니다." 나는 이 곳도 대단히 분주한 것을 알게 되었다. 많은 천사들이 이 구역에서 열심히 일하고 있었는데 그 이유는 많은 복들이 요청되고 포장되어 지구로 배달되기 때문이었다.)

Finally at the farthest end of the long corridor we stopped at the door of a very small station. To my great surprise, only one angel was seated there, idly doing nothing. "This is the Acknowledgment Section, my angel friend quietly admitted to me. He seemed embarrassed." "How is it that there is no work going on here?" I asked.

(마지막으로 우리는 그 긴 복도의 가장 먼 끝에 있는 아주 작은 부서의 문 앞에 섰습니다. 놀랍게도 단지 한 천사만이 아무것도 하지 않고 한가히 앉아 있었습니다. 나를 안내하는 천사가 조용하게 "이 구역은 감사 표시를 접수하는 구역입니다"라고 귀 뜸해 주었다." 나는 "여기서는 아무 일도 하고 있지 않는 이유가 무엇입니까?"라고 질문을 했다.)

"So sad," the angel sighed. "After people receive the blessings that they asked for, very few send back acknowledgments."

(천사는 "대단히 슬픈 일입니다. 사람들이 요청한 복들을 받은 다음에는 거의 대부분 감사 표시를 하지 않습니다.")

"How does one acknowledge God's blessings?" I asked.

(나는 "사람들이 어떻게 하나님의 복에 대한 감사표시를 합니까?"라고 물었다.)

"Simple," the angel answered. Just say, "Thank you, Lord."

(그 천사는 "아주 간단하지요, 그냥 주님, 감사합니다"라고 하면 됩니다.)

"What blessings should they acknowledge?" I asked.

(나는 "사람들이 어떤 종류의 복들에 대해 감사표시를 해야 합니까?"라고 물었다.)

"If you have food in the refrigerator, clothes on your back, a roof overhead and a place to sleep you are richer than 75% of this world. If you have money in the bank, in your wallet, and spare change in a dish, you are among the top 8% of the world's wealthy. "

("만약 당신이 냉장고에 음식물이 채워져 있고, 입을 옷이 있으며, 잠잘 수 있는 거처가 있다면 당신은 이 세상의 75%의 사람들보다 더 부자입니다. 만약 당신이 은행에 예금해 둔 돈이 있고, 지갑에 돈이 있고, 잔돈을 약간 가지고 있다면, 당신은 세상 부자들의 상위 8%에 속합니다.")

"And if you get this on your own computer, you are part of the 1% in the world who has that opportunity."

("그리고 만약 당신이 이 메시지를 당신 자신의 컴퓨터로 받으실 수 있으면, 당신은 그런 기회를 가질 수 있는 세상 사람의 1%에 속한 사람입니다.")

"If you woke up this morning with more health than illness..You are more blessed than the many who will not even survive this day."

("만약 당신이 아프지 않고 건강한 모습으로 오늘 아침 일어났다면, 당신은 오늘 죽을 수밖에 없는 많은 사람들 보다 더 복된 사람입니다.")

"If you have never experienced the fear in battle, the loneliness of imprisonment, the agony of torture, or the pangs of starvation. You are ahead of 700 million people in the world."

("만약 당신이 전쟁에서의 두려움과 감옥 속에서의 고독감, 고문당함으로 오는 고통, 굶주림의 고통을 경험하지 않았다면, 당신은 이 세상에 사는 7억 명의 사람들보다 앞서 있는 것입니다.")

"If you can attend a church without the fear of harassment, arrest, torture or death you are envied by, and more blessed than, three billion people in the world."

("만약 당신이 괴롭힘 당할 두려움 없이, 체포될 두려움 없이, 심문 당할 두려움 없이 혹은 사망의 두려움 없이 교회의 집회에 참석할 수 있다면, 당신은 이 세상에 사는 30억 명의 사람들의 선망의 대상이 되고 또한 30억 명 보다도 복을 더 많이 받은 사람들입니다.")

"If your parents are still alive and still married, you are very rare."

("만약 당신의 부모님이 아직 생존해 계시고 당신이 결혼한 상태를 유지하고 있다면, 당신은 희귀한 그룹에 속합니다.")

"If you can hold your head up and smile, you are not the norm, you're unique to all those in doubt and despair."

("만약 당신이 머리를 들고 웃을 수 있다면, 당신은 보통이 아니요 당신은 의심과 절망 속에 사는 사람들과 비교할 때 특이한 사람입니다.")

Ok, what now? How can I start?

(자, 좋습니다. 내가 어떻게 시작할까요?)

If you can read this message, you just received a double blessing in that someone was thinking of you as very special and you are more blessed than over two billion people in the world who cannot read at all.

("만약 당신이 이 메시지를 읽을 수 있다면, 당신은 어떤 사람이 당신을 특별하게 생각하고 있다는 뜻이며, 또 당신은 전혀 읽을 수 없는 이 세상의 20억 명의 사람들보다 복되다는 의미에서 두 배로 복을 받은 것입니다.")

Have a good day, count your blessings, and if you care to, pass this along to remind everyone else how blessed we all are.

(좋은 날 되시기 바랍니다. 받은 복을 감사하시기 바랍니다. 만약 당신이 다른 사람들을 배려한다면 이 메시지를 다른 사람들에게 전달해서 우리 모두가 얼마나 복된 사람들인지를 상기하도록 하십시다.)

편저자 번역

조용기 목사와
순복음 중앙교회의 여의도 시대

순복음 중앙교회가 서대문 로타리 근처에서 모일 때 주일은 물론 집회가 있을 때면 서대문 로타리의 교통이 마비되곤 했다. 그래서 그 당시 서울 시장이 김현옥 시장이셨는데 조용기 목사님을 만나 여의도로 이사 갈 것을 권유했다. 그 당시 여의도는 허허 벌판이나 다름없는 상태였다.

김현옥 시장은 여의도에 30만평을 줄 테니 여의도로 이사를 가라고 권유했다. 그러나 교회의 형편을 생각해서 3000평을 허락받아 옮기기로 했다. 그 때 김현옥 시장이 30만평이나 1만평 정도는 되어야지 3000평으로 무엇하겠느냐고 안타까움을 표시했다.

그런데 정작 여의도로 이사를 와서 건축을 해야 하는데 그 때의 형편이 빚은 많고 건축할 수 없는 상황이 벌어졌다. 그래서 하루는 조용기 목사가 자신이 살고 있는 아파트 7층에서 자살을 하려고 베란다로 나와 1, 2, 3 할 때 뛰어내리려고, 1, 2, 하고 3 하려는데 벌떼가 날아와 조 목사의 얼굴을 쏘고 붙고 해서 벌떼를 처리하고 자살을 해야 할 형편이 되었다.

그런데 조 목사가 벌떼를 처리하고 나니 자살할 생각이 없어졌다고 말했다.

그 후 얼마 있다가 조용기 목사가 설교를 하고 있는데 한 할머니가 조 목사의 바지를 잡고 자신이 이야기를 좀 해야겠다고 말했다. 그래서 조 목사는 할머니에게 짧게 이야기하시라고 말씀을 드렸다. 그 할머니가 조목사에게 자기는 근근이 살아가고 있는데 조목사가 교회당 짓느라 너무 고생하는 것을 보고 내가 가진 밥 그릇 등 쇠붙이 종류들을 싸 가지고 왔으니 이것으로 교회당을 짓는데 보태 쓰라는 말을 했다. 그래서 조 목사가 내가 할머니의 밥그릇을 받으면 할머니는 밥을 어떻게 먹느냐고 말하고 받을 수 없다고 하자, 할머니는 나는 손으로라도 밥을 먹으면 된다고 대답을 했다. 그리고 그 할머니는 성도들에게 우리 모두가 교회당 짓는 일에 조 목사를 도와야 한다고 호소했다. 그 후 교회당 건축을 위해 헌금을 했는데 헌금된 총액이 교회의 빚을 갚고, 교회당을 지을 수 있을 만큼 헌신되었다. 그래서 순복음 중앙교회의 여의도 시대가 열렸다.

제 17회 인천 아시아 경기대회 성공 기원예배 설교에서, 2014년 9월 17일 (수), 88체육관
조용기 목사 증언

기적적인 소생

2014년 11월 18일 오후 1시경 부산 사하구의 한 주택에서 변 모 씨(64세)가 쓰러진 채 이웃에게 발견됐다. 신고를 받고 현장에 도착한 119 대원들은 변 씨에게 심폐소생술을 하며 곧장 인근 병원으로 옮겼으나 멈춘 호흡이 끝내 돌아오지 않았다. 의료진은 사망 선고를 내리고 후속 조치에 들어갔다. 그런데 냉동고에 시신을 넣기 전 경찰이 마지막으로 변 씨를 확인하다가 변 씨가 미약하게나마 숨을 쉬고 있는 사실을 발견했다. 그리고 의식은 없었지만 맥박과 혈압이 서서히 회복되었다.

병원 측은 "응급실에 도착하기 전 이미 DOA(Dead On Arrival: 도착 시 이미 사망) 상태였고 15분 이상 심 정지 상태였던 만큼 사망 판정을 내린 건 의학적으로 당연한 조치였다"며 "다시 숨을 쉰 건 기적적인 일로 봐야 하지 병원 과실은 없다."고 주장했다.

이는 특별한 기적이다. 15분 이상 심 정지 상태인데 다시 호흡이 돌아 온 것은 특별한 기적이 아니면 무엇으로 설명이 가능하겠는가? 의료진도 이를 인정했다. 사람들은 기적을 믿으려 하지 않는다. 그러나 하나님이 살아계시기에 기적은 있을 수 있다.

동아일보 2014년 11월 21일 (금)
김성명 기자 기고를 편저자가 정리 한 것

교회당 정문에 걸린 감동적인 글

Berkmar United Methodist Church 는 Duluth, Georgia 의 Pleasant Hill Road 선상에 위치하고 있다. 그런데 그 교회당의 정문에 다음과 같은 간판이 걸려있다.

He who enters this door is a stranger but once. (이 문을 통과하는 사람은 단지 한 번만 낯선 사람이다.) 세상의 모든 교회가 이런 정신으로 사람을 대하면 좋겠다.

박형용 전언

내 인생은 작업 중 -Ruth Graham-

　루스 그래함은 유명한 기독교 부흥사 빌리 그래함 (Billy Graham)의 신실한 아내였다. 루스는 1920년 6월 10일 태어나 2007년 6월 14일 하나님의 부르심을 받고 천국 생활을 시작했다. 루스가 하나님의 부름을 받기 전 어느 날 동료와 함께 자동차를 타고 어느 곳을 가고 있었다. 그런데 가는 도중 도로공사(under construction)를 하고 있는 지역을 지나가고 있었다. 그런데 공사지역이 끝나가는 곳에 "작업 끝"(End of Construction, 공사 끝)이라는 팻말이 세워져 있었다. 그 팻말을 본 루스가 옆에 있는 동료들에게 "내가 죽으면 내 비석에 저것 써 줘"라고 말했다. 그래서 루스의 묘비(tombstone)에 "작업 끝. 여러분의 인내에 감사의 말씀을 드립니다."(End of Construction. Thank you for your Patience.) 라는 묘비 글이 새겨져 있다. 루스가 그렇게 요청한 것은 인간의 삶이 이 땅위에서 사는 동안 성령 하나님의 작업의 과정인데 죽음은 그 작업이 끝났다는 것을 의미하기 때문이다. 그리고 루스가 살아 있는 동안 많은 사람이 자신의 연약함을 참아주었다고 생각했기 때문이다. 루스의 이런 마음은 그녀가 얼마나 하나님을 의존하고 살았으며 그녀의 겸손이 얼마나 진정한 것인지를 증거 해 준다. 그렇다. 우리 모두는 지금 성령 하나님이 작업하고 계시는 삶인 것이다.

Ruth Graham의 묘비에서

금산교회 조덕삼 성도

전북 김제시 금산면에 가면 "금산교회"가 있다. 옛날 남녀가 서로 볼 수 없도록 기역자(ㄱ) 형으로 집을 지어 예배를 드린 교회로 유명하다. 목사는 집의 코너에서 남자와 여자를 동시에 볼 수 있지만 남자와 여자는 서로 볼 수 없도록 설계된 교회당 건물이다. 건물도 유명하지만 건물보다 더 감동적인 이야기가 전해지고 있다. 그 당시 경상도는 산이 많아서 먹을 것이 부족했다. 그래서 전라도에 가면 굶어죽지는 않는다는 말이 있어 경상도의 이자익이 김제에 와서 조덕삼의 집에 들어가 머슴 생활을 했다. 선교사 테이트(Tate)의 전도를 받아 조덕삼과 이자익 모두 예수를 믿고 세례를 받았다.

그러던 중 금산교회에서 장로 투표를 했는데, 머슴인 이자익은 장로가 되고, 주인인 조덕삼은 떨어졌다. 이 무슨 낭패인가? 장로에서 떨어진 것은 일종의 실패 체험이다. 이런 경우 나타나는 반응은 대개 세 가지이다. 교회를 떠나거나, 머슴을 쫓아내거나, 그 옆에 새로운 교회를 세우거나 한다. 그런데 조덕삼은 전혀 다른 결정을 내린다. 머슴 이자익을 장로로 섬기고, 후에 신학공부를 후원해서 금산교회 담임목사로 모신다. 마지막 죽으면서 남긴 유언이 온 가족이 교회와 목사님을 잘 섬기라는 것이었다.

주인이 장로 되고, 머슴이 떨어졌다고 하면 아무 메시지도 없는 이야기이다. 장로에서 떨어진 주인이 교회를 떠나 다른 교회를 섬겼다고 하면 뻔한 이야기이다. 그런데 주인 조덕삼의 결정은 후대까지 감동을 주는 메시지가 된다. 금산교회 이야기는 신분의 벽을 뛰어넘은 교회, 실패의 한계를 아름다움으로 승화시킨 교회, 세상과는 전혀 다른 모습을 보인 교회의 모습이다.

참고적으로 이자익 목사는 1947년 4월 18일-22일 대구제일교회에서 모인 대한예수교 장로회 제 33회 총회(현 합동)에서 총회장으로 당선된다. 그리고 다음 해인 1948년 4월 20일-23일 서울새문안교회에서 모인 제 34회 총회에서 다시 총회장으로 재선된다. 그 당시나 지금이나 총회장을 연이어 두 번한 목사님이 흔하지 않은데 이자익 목사님이 총회장을 연임하신 것은 그의 인격이 고상하고 많은 사람의 존경을 받았음에 틀림없다.

국민일보 2010년 4월 29일(목)에서 편저자 정리

이자익 목사님은 1924년에도 총회장으로 수고하셨음으로 사실상 총회장을 세 번 하신 목사님이시다.

이자익 목사는 누구인가?

　고아와 과부라는 인생의 밑바닥부터 시작하여 목사로서의 최고의 영예와 영광을 누렸던 사람, 총회 역사상 거의 있을 수 없는 3선 총회장이라는 전무후무한 이력과 충청도를 비롯한 전라도와 경상도와 서울을 망라하는 전국적인 활동무대를 가졌던 사람, 일제의 신사참배에 전혀 가담하지 않았으며 창씨개명에도 불참하여 일본의 미움을 사고 곤욕을 치렀던 사람, 1952년 9월에는 입각(入閣)을 권유하러 온 함태영 부통령과 교통부와 체신부 장관 제의를 일언지하에 거절하며 끝까지 한눈팔지 않고 목회자로 종신하겠다는 뜻을 보였던 사람, 이름난 법통(法通)으로 1953년 현행 장로교의 총회 헌법을 전면 개정했던 사람이 이자익 목사이다.

김수진 목사 저
이자익 이야기에서 (겉 표지에서)

이자익 목사님은 1924년에 총회장을 역임하셨고, 1947년 33회 총회와 1948년 34회 총회에서도 총회장으로 당선되었다.

이자식과 이자익

이자익 장로가 조덕삼 영수의 도움으로 평양신학교를 다닐 때의 일이다. 그 당시 평양신학교 교수들은 거의 선교사들이었다. 이자익 장로와 함께 공부하는 학생은 전부 28이었다. 교수 선교사님이 교실에 들어오셔서 "지금부터 출석을 부르겠습니다." 라고 말하고, "이기선, 이경필, 이자식!"이라고 부른다. 그 때 이자익 장로는 대답을 하지 않고 교수를 부르면서 오른손을 높이 들었다.

교수님이 "이자식 학생, 무슨 일입니까?" 라고 말하자, 이자익 장로는 "교수님, 제 이름은 이자식이 아니고, 이자익입니다."라고 답했다.

이런 일이 있을 때마다 학생들은 한바탕 웃고 지나갔다.

김수진 목사, 이자익 이야기
53페이지에서 편집

인생의 마지막 5分間

어느 젊은 사형수가 있었습니다.
사형을 집행하던 날....
형장에 도착한 그 사형수에게...
마지막으로 5分의 시간이 주어졌습니다.

28년을 살아온 그 사형수에게
마지막으로 주어진 최후의 5분은
비록 짧았지만 너무나도 소중한 시간이었습니다.

마지막 5분을 어떻게 쓸까?
그 사형수는 고민 끝에 결정을 했습니다.

나를 알고 있는 모든 이들에게..
작별 기도를 하는데 2분......
오늘까지 살게 해 준 하나님께 감사하고....
곁에 있는 다른 사형수들에게 한 마디씩
작별 인사를 나누는데 2분,

나머지 1분은 눈에 보이는 자연의 아름다움과...
지금 최후의 순간까지 서있게 해준 땅에...
감사하기로 마음을 먹었습니다.

눈에서 흐르는 눈물을 삼키면서
가족들과 친구들을 잠깐 생각하며...
작별인사와 기도를 하는데 벌써 2분이 지나 버렸습니다.

그리고 자신에 대하여 돌이켜 보려는 순간
아~! 이제 3분 후면 내 인생도 끝이구나,
하는 생각이 들자 눈앞이 캄캄해졌습니다..

지나가 버린 28년이란 세월을
금 쪽처럼 아껴 쓰지 못한 것이..
정말 후회되었습니다.

아~! 다시 한 번 인생을 더 살 수만 있다면....
하고 회한의 눈물을 흘리는 순간...
기적적으로 사형집행 중지명령이
내려와 간신히 목숨을 건지게 되었다고 합니다.

구사일생으로 풀려 난 그는 그 후,
사형집행 직전에 주어졌던
그 5분간의 시간을 생각하며..

평생 시간의 소중함을 간직하고 살았으며
하루하루, 순간순간을....
마지막 순간처럼 소중하게 생각하며..
열심히 살았다고 합니다..

그 결과....
"죄와 벌", "카라마조프의 형제들", "영원한 만남" 등..
수많은 불후의 명작을 발표하여
톨스토이(Tolstoy, 1828-1910, 편저자 보완)에 비견되는
세계적 문호로 성장하였다고 합니다.

그 사형수가 바로...
도스토예프스키(Dostoevski, 1821-81, 편저자 보완)
였습니다.

우리에게 주어진 소중한 날들 하루하루를...
도스토예프스키가 가져보았던
마지막 순간의 5분처럼...
소중하게 보내시기 바랍니다.

류태영의 사랑편지에서 2016년 8월 8일

머리를 빡빡 민 장경두 목사님

　KBS 1 프로그램 중 토요일 08:30에 김홍성 아나운서가 진행하는 "시니어 토크쇼 황금연못"이란 프로가 있다. 그 프로는 나이가 많이 드신 어른들을 모시고 그들의 과거의 삶의 경험들을 듣고 인생을 음미해 보는 시간이다. 2015년 5월 16일(토) 프로그램에서 사회자가 "과거 선생님에 대해 나누실 이야기가 없는가?"라고 묻자, 이수길 씨가 마이크로폰을 잡았다. 이수길 씨(73세)의 증언에 의하면 본인이 고등학교 다닐 때 그 당시 학생들이 머리를 길게 기르고 머릿기름(포마드)을 바르고 멋을 내고 다니기를 원했다. 그러나 그런 행동은 교칙에 어긋나는 것이었고 학교는 그것을 단속했다.

　그런데 이수길 씨가 다니던 학교에 장경두 선생님이 계셨다. 학생들의 이런 일탈 행동을 제지하기 위해 장경두 선생님이 본을 보이기 시작했다. 장경두 선생님이 머리를 완전히 깎아서 까까머리로 학교에 나타나신 것이다. 이수길 씨의 증언에 의하면 그 당시 장경두 선생님은 대략 27세나 28세 정도였고 한참 멋을 내셔야 할 시기를 사셨다고 한다. 그런데 학생들에게 직접 본을 보이시기 위해 스스로 3년 내내 까까

머리로 교단에 서신 것이다. "말 보다는 행동이 더 힘 있다" 라는 격언이 생각나는 대목이다. 오늘날도 이런 선생님을 만 날 수 있었으면 좋겠다.

사회자가 이수길 씨에게 장경두 선생님이 그 뒤로 어떻게 되었느냐고 묻자 이수길 씨가 장경두 선생님은 그 후에 교 직을 떠나 목사가 되셨다고 답했다. 그런데 그 장경두 목사 님이 바로 본 편저자가 잘 아는 장경두 선생님이셨다. 장경 두 목사님은 올곧은 성품의 목사로 다른 목사님의 본이 되 는 목사님이셨다.

박형용 전언

기술은 정성을 이길 수 없다

2013년 1월 28일 방영된 "아침마당"에서 우동왕으로 뽑힌 족타면을 선보인 분은 그의 일본인 스승이 그가 한국으로 떠날 때 "기술은 정성을 이길 수 없다"라는 교훈을 주셔서 지금도 그 말씀을 새기면서 족타면을 만들고 있다고 한다. 누구나 이런 정신으로 자신의 생업을 이어가면 많은 사람을 기쁘게 할 수 있을 것이다.

박형용 전언

4등 칸이 없어서 3등 칸 탔어요

슈바이처(Schweitzer) 박사는 많은 일화를 남겼는데 그 중에 재미있는 일화가 하나 있습니다. 그는 노벨상 시상식에 참석하기 위하여 아프리카를 떠나 거기서 다시 기차를 타고 덴마크로 갈 계획이었습니다.

그런데 그가 파리에 도착했다는 소식을 전해들은 신문기자들이 취재를 하려고 그가 탄 기차로 몰려들었습니다. 슈바이처는 영국 황실로부터 백작 칭호를 받은 귀족입니다

그래서 취재경쟁에 열중한 기자들이 한꺼번에 특등실로 우르르 몰려 들어가 슈바이처 박사를 찾아보았으나 도저히 찾을 수가 없었습니다.

그러자 기자들은 다시 일등칸으로 몰려가서 찾아보았으나 거기에도 슈바이쳐 박사는 없었습니다. 기자들은 또다시 이등칸으로 가 봤으나 거기서도 슈바이쳐 박사를 찾지 못했습니다.

그래서 기자들은 모두 허탈한 나머지 그대로 돌아가 버렸습니다. 그런데 영국 기자 한 사람만이 혹시나 하고 3등 칸을 기웃거리다가 뜻밖에 거기서 슈바이처 박사를 찾아냈습니다.

가난에 찌든 사람들이 딱딱한 나무 의자에 꽉 끼어 앉아 있는 퀴퀴한 악취로 가득한 3등 칸 한구석에 쭈그리고 앉아서 슈바이처 박사는 그들을 진찰하고 있었습니다.

놀란 기자가 그에게 특등실로 자리를 옮기기를 권했으나 슈바이처 박사는 들은 척도 하지 않았습니다.

선생님 어떻게 3등 칸에 타셨습니까. 예, 이 기차는 4등 칸이 없어서요. 아니 그게 아니고, 선생님께서 어쩌자고 불편한 곳에서 고생하며 가십니까.

슈바이처 박사는 잠시 후 이마의 땀을 닦으시며 대답했습니다. "저는 편안한 곳을 찾아다니는 게 아니라 저의 도움이 필요한 곳을 찾아다닙니다. 특등실의 사람들은 저를 필요로 하지 않습니다" 라고 대답했습니다.

슈바이처 박사야 말로 정말 봉사와 박애정신을 가진 훌륭한 의학박사인 것 같습니다. 오늘도 많이 행복 하시고 즐겁고 평화로운 하루 되세요!

류태영 박사의 사랑 편지 제공 2017년 3월 24일

이튼 칼리지의 교훈

영국의 명문 고등학교로 이튼 칼리지가 있다. 이 학교는 600년 전에 설립되어 긴 전통과 역사를 가지고 있다. 이튼 칼리지는 무려 19명의 영국 총리를 배출했고, 1, 2차 세계대전 때는 학생 중 2000명이 전사할 정도로 나라를 사랑한다. 이튼 칼리지의 다음과 같은 교훈은 우리의 심금에 큰 감명을 전해 준다.

1. 남의 약점을 이용하지 마라.
2. 비굴하지 않은 사람이 되라.
3. 약자를 깔보지 마라.
4. 항상 상대방을 배려하라.
5. 잘난 체 하지 마라.
6. 다만, 공적인 일에는 용기 있게 나서라.

류태영의 사랑 편지 제공 2016년 2월 13일
편저자 재정리

유일한 박사의 유언장

1971년 3월, 한 기업의 설립자가 세상을 떠났습니다. 그리고 그의 유언장이 공개되었습니다.

유언은 편지지 한 장에 또박또박 큰 글씨로 아래와 같이 적혀 있었습니다.

"손녀에게는 대학 졸업까지 학자금 1만 달러를 준다.

딸에게는 학교 안에 있는 묘소와 주변 땅 5천 평을 물려준다. 그 땅을 동산으로 꾸미고, 결코 울타리를 치지 말고 중·고교 학생들이 마음대로 드나들게 하여 그 어린 학생들이 티 없이 맑은 정신에 깃든 젊은 의지를 지하에서나마 더불어 느끼게 해 달라.

내 소유 주식은 전부 사회에 기증한다. 아내는 딸이 그 노후를 잘 돌보아 주기 바란다. 아들은 대학까지 졸업시켰으니 앞으로는 자립해서 살아가거라."

유언장은 모두를 놀라게 했습니다. 하지만 유언장은 그의 삶의 표현이었습니다. 그는 일제 강점기에 "건강한 국민만이 잃어버린 나라를 되찾을 수 있다"며 제약회사를 설립한 유일한 박사이기 때문입니다. 아버지의 숭고한 뜻을 가슴 깊이 새기며 살아왔던 딸 유재라 씨도 지난 1991년 세상을 떠나며 힘들게 모아 두었던 전 재산을 사회를 위해 쓰도록 기증하였습니다.

우리 어른들은 유일한 박사의 유언을 곱씹어 보아야 합니다. 어른들이 사회 규범에 솔선하여 후세들의 모범이 되어주고 국가 발전의 초석이 되어야 할 우리의 2세대들에게 길잡이 역할을 할 수 있기를 소망해 봅니다.

편저자 정리

사람위에 사람 없고
사람 밑에 사람 없다

"1955년 12월 초 어느 날 저녁, 나는 앨라바마주 몽고메리의 한 버스에 올라탔다. 다른 모든 버스에서처럼, 그 버스 역시 백인 좌석과 흑인 좌석이 나뉘어 있었다. 나는 흑인 좌석의 맨 앞자리에 자리를 잡았다. 정류장을 지날수록 백인 탑승자들의 수가 늘더니 백인 좌석은 곧 꽉 차버렸다. 흑인좌석이 따로 있다하더라도 백인 좌석이 다 차면 흑인들은 좌석을 내주어야 했다. 하지만 나는 일어나지 않았다. 백인인 운전기사가 내게 말했다. '어서 자리에서 일어나쇼.' 나는 움직이지 않았다. 백인들에게 자리를 양보하는 것에 신물이 났다. '당장 경찰을 부를테요.' 운전기사가 소리쳤다. '마음대로 하세요.' 내가 응수했다. 잠시 후 백인 경찰관 두 명이 버스에 올랐다." 흑인 시민권 운동가 로자 파크스(1913-2005. 10. 24)의 자서전 <로자 파크스 '나의 이야기'> (문예춘추사 펴냄)

1955년 12월 퇴근길의 로자 파크스가 백인에게 자리를 양보하지 않았다는 이유로 체포 감금된 사건은, 몽고메리 '버스 보이콧 사건'의 직접적인 계기가 되었다. 흑인들 대부분은 버스를 타고 출근해야만 가족의 생계를 해결할 수 있었다. 버스를 타지 않으면 한 시간은 기본이고, 두 세 시간 걸어 출근을 해야 하는 흑인들도 있었다. 백인에게 고용된 흑인들이 많아 '버스 보이콧' 동참은 직장을 포기하는 것과 같았다. 그래서 백인들은 '버스 보이콧'이 자연스럽게 사그라질 것으로 예측했다. 하지만 몽고메리 거주 흑인 대부분이 직장을 잃어가면서 까지 몽고메리 버스 보이콧에 동참한다. 이 운동은 무려 382일이나 지속된다.

1956년 2월, 몽고메리 시 경찰은 "합당한 법적 근거 없이 버스 보이콧을 했다"는 이유로 로자 파크스를 비롯한 89명을 체포한다. 로자 파크스와 그녀의 남편은 버스 보이콧 때문에 직장을 잃고 만다. 당시 흑인 인권 운동가로 유명한 마틴 루터 킹 목사가 이 보이콧에 동참했다.

1956년 6월 19일, 앨라바마 주 지방법원은 흑백 분리를 규정한 몽고메리 시의 조례는 수정헌법 제 14조를 위반하고 있다고 판시한다. 1956년 11월 3일 미국 연방 대법원은 앨라바마 주 안에서만 운행하는 버스일지라도 흑인 석과 백인 석을 나누는 것은 위헌이라고 판시한다. 이로써 흑백분리 탑승제도는 폐지되고 흑백통합버스제도(1956년 12월 21일)가 시행된다.

로자 파크스가 그날 버스에서 일어났다면 오늘날의 버락 오바마(Obama) 대통령도 존재하지 못했을 것이라고 말하는 사람들도 있다. 로자 파크스는 미국 행정부가 헌정 할 수 있는 최고의 예우인 대통령자유메달을 받았으며, 미국 의회에 의해 '현대 시민권 운동의 어머니'로 칭송되기도 했다.

편저자 전언

신용 카드 사용을 거절당한 오바마(Obama) 미국 대통령

좀 과장해서 미국 대통령은 세계를 다스리는 대통령이라고 말한다. 그런데 오바마 (Obama) 미국 대통령이 2014년 9월 24일 영부인 미셸 (Michelle)과 함께 뉴욕 (New York) 맨하탄 (Manhattan)에 소재하는 에스텔라 (Estela)라는 음식점을 찾았다. 그들이 에스텔라 식당을 찾은 것은 한 끼 식사를 위해서였다. 그들이 주문한 식탁은 Two orders of endive salad and burrata with salsa verde, tomatoes, and salt cod croquettes[1]였다.

식사를 마친 오바마 대통령이 신용 카드를 점원에게 제시했다. 그런데 점원이 오바마 대통령의 신용 카드가 믿을 수 없기 때문에 받을 수 없다고 거절했다. 그 이유는 오바마 대통령이 그 신용 카드를 오래 토록 사용하지 않았기 때문이다. 그래서 할 수 없이 영부인 미셸(Michelle)이 대신 그녀의 신용 카드로 밥값을 지불했다.

이 이야기를 들으면 정의가 살아있고 민주주의가 제대로 실천되는 나라가 미국이구나라는 생각을 지을 수 없다. 러시아에서 이런 일이 발생할 수 있을까? 중국에서 이런 일이 발생할 수 있을까? 한국에서는 어떨까?라는 생각을 해 본다.

편저자 정리

---

1) 오바마 태통령이 주문한 요리 endive salad는 endive라는 chicory 종류의 잎이 있는 야채와 호두와 각가지 다른 재료로 만든 살라드이다. Burrata with salsa verde는 허브들을 섞어 만든 녹색 소스를 친 모짜렐라 치즈와 크림을 섞어 만든 치즈이다. tomatoes는 토마도이며 그리고 cod croquettes는 대구를 튀긴 요리이다.

어느 아빠의 감동적인 이야기
- 이 글의 주인공들은 실존인물이고 실화 입니다 -

아내가 어이없이 우리 곁을 떠난 지 어언 4년

지금도 아내의 자리는 크기만 합니다

어느 날 출장일로 아이에게 아침도

챙겨주지 못한 채 출근길에 올랐습니다.

그날 저녁 아이와 인사를 나눈 뒤에

양복 상의를 아무렇게나 벗어던지고는

침대에 벌러덩 누웠습니다...

그 순간 뭔가가 느껴졌습니다...

빨간 양념국과 손가락만한 라면발이

이불에 퍼질러진 것이 아니겠습니까?

컵라면이 이불에 있었던 것입니다

이게 무슨 일인가는 뒷전으로 하고

자기 방에서 동화책을 읽던 아이를 붙잡아

장단지며 엉덩이며 마구 때렸습니다.

왜 아빠를 속상하게 해?

하며 때린 것을 멈추지 않고 있을 때

아들 녀석의 울음 섞인 몇 마디가

손을 멈추게 했습니다.

아빠가 가스렌지 불을 함부로 켜서는 안 된다는 말

보일러 온도를 높여서 데어진 물을 컵라면에 부어서

하나는 자기가 먹고 하나는 아빠 드릴려고

식을까 봐 이불속에 넣어둔 것이라고

가슴이 메어왔습니다. 아들 앞에서 눈물보이기 싫어

화장실에 가서 수돗물을 틀어놓고 울었습니다.

일 년 전에 그 일이 있고난 후

저 나름대로 엄마의

빈자리를 채우려고 많이 노력 했습니다

아이는 이제 7살 내년이면 학교 갈 나이죠

얼마 전 아이에게 또 매를 들었습니다.

일하고 있는데 회사로

유치원에서 전화가 왔습니다.

아이가 유치원에 나오지 않았다고

너무 다급해진 마음에 회사에

조퇴를 하고 집으로 왔습니다.

그리고는 아이를 찾았죠.

동네를 이 잡듯 뒤지면서

아이의 이름을 불렀습니다.

그런데 그놈이 혼자 놀이터에서 놀고 있더군요.

집으로 데리고 와서 화가 나서 마구 때렸습니다.

하지만 단 한차례의 변명도 하지 않고

잘못했다고만 빌더군요.

나중에 안 사실이지만 그날 부모님을 불러놓고

재롱잔치를 한날이라고 했습니다.

그 일이 있고 며칠 후 아이는 유치원에서

글자를 배웠다며 하루 종일

자기 방에서 꼼짝도 하지 않은 채

글을 써대고 있었습니다.

그리고 1년이 지나고 아이는 학교에 진학했죠.

그런데 또 한 차례 사고를 쳤습니다.

그날은 크리스마스 날

일을 마치고 퇴근을 하려고 하는데

한통의 전화가 걸려 왔습니다.

우리 동네 우체국 출장소였는데...

우리아이가 주소도 쓰지 않고 우표도 부치지 않은채.....

편지 300여 통을 넣는 바람에 연말에 우체국 업무가

지장을 끼친다고 온 전화였습니다..

그리그 아이가 또 일 저질렀다는

생각에 불러서 또 매를 들었습니다.

아이는 그렇게 맞는데도 한마디

변명도 하지 않은 채

잘못 했다는 말만 하더군요..

그리고 우체국가서 편지를 받아 온 후

아이를 불러놓고 왜 이런 짓을 했냐고 하니

아이는 울먹이며 엄마한테 쓴 편지라고

순간 울컥하며 나의 눈시울이 빨게 졌습니다.

아이에게 다시 물어 보았습니다

그럼 왜 한꺼번에 이렇게 많은 편지를 보내냐고.

그러자 아이는 그동안 키가 닿지 않아

써오기만 했는데 오늘 가 보니깐

손이 닿아서 다시 돌아와

그동안 써 논거 다 들고 갔다고

아이에게 무슨 말을 해야 할지 몰랐습니다.

그리고 아이에게 엄마는 하늘나라에 있다고

다음부턴 적어서 태워버리면 엄마가 볼 수 있다고

밖으로 편지를 들고나간 뒤

라이타 불을 켰습니다.

그러다가 문득 무슨 내용인가 궁금해

하나의 편지를 들었습니다.

보고 싶은 엄마에게

엄마 지난주에 우리유치원에서 재롱 잔치 했어

근데 난 엄마가 없어서 가지 않았어.

아빠한테 말하면 엄마생각 날까 봐 하지 않았어.

아빠가 날 막 찾는 소리에 그냥 혼자서

재미있게 노는 척 했어

그래서 아빠가 날 마구 때렸는데

애기하면 아빠가 울까 봐 절대로 얘기 안했어

나 매일 아빠가 엄마생각 하면서 우는 것 봤어.

근데 나는 이제 엄마 생각 안나

엄마 얼굴이 기억이 안나

보고 싶은 사람 사진을 가슴에 품고자면

그 사람이 꿈에 나타난다고 아빠가 그랬어.

그러니깐 엄마 내 꿈에 한번만 나타나

그렇게 해줄 수 있지? 약속해야 해

편지를 보고 또 한 번 고개를 떨구었습니다.

아내의 빈자리를 제가 채울 순 없는 걸까요.

시간이 이렇게 흘렀는데도

우리 아이는 사랑 받기위해 태어났는데

엄마사랑을 못 받아 마음이 아픕니다.

정말이지 아내의 빈자리가 너무 크기만 합니다

혁수야 아빠야

우리 혁수한테 정말 미안하구나.

아빠는 그런 것도 모르고
엄마의 빈자리 아빠가
다 채워줄 수는 없는 거니?
남자끼린 통한다고 하잖아..
혁수야 너 요즘에도 엄마한테 편지 쓰지
아빠 너 하늘로 편지 보내는 거 많이 봤다
엄마가 하늘에서 그 편지 받으면
즐거워하고 때론 슬퍼서
울기도 하겠지
혁수야 넌 사랑받기 위해 태어났어.
그걸 잊지마 아빠가 널 때린다고
엄마가 혁수를 놔두고 갔다고
섭섭해 하지마 알겠지..?
끝으로 사랑 한다 내 아들아
세상에 하나뿐인 우리아들 사랑해

아빠가

“돌아온 백구” 만큼
주님께 충직할 수 있을까?

진돗개의 품성은 충직성과 복종심이라 할 수 있다. 진도는 섬이기 때문에 개를 방목해 키운다. 그런데 짝짓기 시기가 되면 수컷들이 암컷을 차지하기 위해 치열한 싸움을 하기 마련이다. 그 결과 힘이 가장 센 수컷의 새끼가 태어나 우수한 품종의 개가 유지되어 내려온다.

“‘돌아온 백구’는 아마도 가장 유명한 진돗개 일화일 것이다. 1988년 진도에 살던 박복단 할머니네 집에서 진돗개 강아지가 태어났다. 그중 털이 하얀 암컷 ‘백구’는 할머니네 가족과 함께 살다가 다섯 살 되던 해에 대전으로 팔려갔다. 그리고 일곱 달 뒤, 진도에 있는 할머니 집에 백구가 홀연히 나타났다. 300킬로미터가 넘는 길을 혼자서 돌아온 것이다. 이는 진돗개의 충직함과 귀소 본능을 보여주는 대표 사례다.” 백구는 자신의 주인이신 박복단 할머니만을 생각하며 300킬로미터의 길을 걸어서 상처투성이가 된 상태로 돌아온 것이다.

성도들은 예수 그리스도를 주님으로 모신다. 박복단 할머니가 백구의 머릿속을 차지한 것처럼 우리들의 삶 속에 예수 그리스도가 얼마나 점령하고 있는지 다시 한 번 반성해 본다.

(Jindo dogs became the symbol of Jindo Island largely because of famous stories about their unwavering loyalty and homing instincts. Among these, the return of Baekgu is the most well known. In 1988, Jindo puppies were born in the house of an elderly woman named Park Bok-dan, who lived on Jindo Island. One of the puppies was a female with a white coat that Park named Baekgu. Baekgu lived with Park's family for five years before being sold to a man from the city of Daejeon, in central Korea. One day, seven months later, Baekgu appeared at Park's house, having made the nearly 300km journey home by herself."

김황, Morning Calm, May 2016 pp. 67-69에서 다시 정리(박형용 정리)
(영어는 Morning Calm, May 2016, p. 68에서 인용)

무서운 손자

어릴 적 할머니 다리에 누워 옛날 애기를 들으며 잠이 들곤 했었는데 우리 손주는 책을 가져와 읽어 달라고 하니 무서워 죽겠다.

말로 하는 이야기라면, 손으로 하는 음식이라면 손주 놈이 해 달라는 대로 해줄 수 있으련만 달려가 보듬어 안고파도 손주 놈 손에 들린 동화책이 무서워 부엌에서 나가질 못 한다.

강춘자
국가 평생교육진흥원, 9, 10월호에서 (심사평, 신달자, 한국시인협회장)

우유 한잔과 치료비

19세기 미국, 정확하게는 1880년 여름, 가가호호를 방문해서 이것저것을 파는 가난한 고학생 젊은이가 있었습니다. 그렇게 하루 종일 방문판매를 다녔고, 저녁이 되었을 때에는 지쳤고, 배가 고팠습니다.

주머니에는 다임(10센트) 동전 하나 밖에는 없었고, 그것으로는 적당한 것을 먹을 수도 없었습니다. 다음 집에 가서는 먹을 것을 좀 달라고 해야지 하면서 발걸음을 옮겼고, 그 집 문을 두드렸습니다.

이윽고 문이 열리고, 예쁜 소녀가 나왔습니다. 젊은이는 부끄러워서 배고프다는 말을 못했고 다만 물 한잔만 달라고 했습니다. 그러나 그 소녀는 이 사람이 배가 고프다는 사실을 알았고, 그래서 큰 컵에 우유 한 잔을 내왔습니다.

젊은이는 그 우유를 단숨에 마셨고, 새로운 힘이 나는 듯했습니다.

그리고는 얼마를 드려야 하냐고 물었습니다. 소녀는 그
럴 필요가 없다고, '엄마는 친절을 베풀면서 돈을 받지 말
라고 하셨다'(Mother has taught us never accept pay for a
kindness.)고 말했습니다. 젊은이는 이 말에 큰 깨우침을 얻
었습니다.

그로부터 십 수 년이 지난 후, 그 소녀는 중병에 걸렸고, 그
도시의 병원에서는 감당 할 수 없는 병이라고 했습니다. 다
행히 그 병원의 의사는 큰 도시의 전문의를 불러오면 고칠
수 있다고 했고, 그래서 오게 된 의사는 하워드 켈리(1858-
1943년) 박사였습니다.

그 소녀에게 우유 한 잔을 얻어 마셨던 바로 그 젊은이였
습니다. 그때 방문 판매를 했던 그 고학생 하워드 켈리는 산
부인과 분야 에서는 독보적인 존재로 명문 존스 홉킨스 의
과대학의 창설 멤버이기도 했습니다.

하워드 켈리 박사는 환자를 보고 한 번에 그녀임을 알아보
았고, 지금까지 개발된 모든 의료기술을 동원해서 그녀를 치
료했습니다. 결국 부인과 질환으로 상당히 힘든 케이스였음
에도 불구하고 마침내 치료에 성공했습니다. 하워드 켈리 박

사는 치료비 청구서를 보냈습니다. 환자는 엄청 나게 많이 나올 치료비를 생각하며 청구서를 뜯었습니다.

청구서에는 이렇게 씌어 있었습니다.
"한 잔의 우유로 모두 지불되었음. (Paid in full with one glass of milk.)"

편저자 정리

"국수"와 "국시"의 차이
(사람을 감동시키는 작은 준비)

2014년 5월 4일 주일에 주은혜 교회(홍문균 목사)에서 설교를 한 적이 있다. 식사를 위해 장로님들이 서초역 1번 출구 옆에 있는 소연이라는 국수 전문 음식점에 예약을 해 두었다. 예배를 마치고 식사를 위해 소연에 도착하여 지정된 장소로 안내를 받고 자리에 앉았다. 그런데 모든 사람의 자리 앞에 식기를 놓는 받침역할을 하는 정성스럽게 만든 종이 한 장이 마련되어 있었다. 그 받침 역할을 하는 종이에 인쇄된 글이

"박형용 교수님 일행의 방문을 환영합니다.
소중한 분과 소중한 자리 행복하세요, 소연 ㅅㅅ"
라고 적혀 있었다.

그리고 다음 글이 소개되어 있었다.

'국수'와 '국시'의 차이는? 국수는 밀가루로 만들고, 국시는 밀가리로 맹근다. 밀가루는 봉지에 넣어 팔고, 밀가리는 봉

다리에 넣어 판다. 봉지는 가게에서 팔고, 봉다리는 점방에서 판다. 가게에는 아주머니가 있고, 점방에는 아지매가 있다. 아주머니는 아이를 낳았고, 아지매는 얼라를 낳았다. 아이는 아버지가 되었고, 얼라는 아부지가 되었다. 아버지는 국수 가게 사장이 되었고, 아부지는 국시 점방 주인이 되었다.

그래서, 국수와 국시는 다르다.

소연 서초점 제공 (02-587-4490)
편저자 정리

좋은 부부

1. 침묵부부 : 대화부부
   부부 사이의 침묵은 금이 아니라
   침묵하면 금이 가게 됩니다.
   오고 가는 대화부부가 되어야 합니다.

2. 퉁명부부 : 감사부부
   부부관계에 문제가 생기는 가장 큰 이유는
   퉁명스러움입니다.
   짜증이 결국은 부부관계를 무너지게 할 수 있습니다.
   원망 불평을 버리고 애교와 사랑이 넘치는
   친절한 감사부부가 되어야 합니다.

3. 돈돈부부 : 신앙부부
   무엇이든 돈으로 연결시키는 부부는 곤란합니다.
   결혼생활의 행복에 있어서 돈은 목표가 아니라
   필요한 도구일 뿐입니다.
   돈보다 더 중요한 것이 서로를 신뢰하는 것입니다.
   금보다 더 값진 신앙부부가 되어야 합니다.

4. 달달부부 : 평화부부

아무리 부부라도
서로 각자의 영역과 자유를 인정해야 합니다.
꼬치꼬치 달달 볶지 맙시다.
서로 간에 안식과 평안을 주는 평화부부가 되어야
합니다.

5. 외도부부 : 애정부부

바람피우는 것만이 외도는 아닙니다.
가정을 지키지 않고 밖으로 도는
남편이나 아내가 되어서는 안 됩니다.
서로를 용서하고 위로하고 감싸주는
애정부부가 되어야 합니다.

6. 험담부부 : 칭찬부부

부부는 서로 간에 상스런 말을 해서는 안 되겠지만
다른 사람의 배우자 흉도 안 됩니다.
서로 단점을 보완하고 칭찬하는
칭찬부부가 되어야 합니다.

7. 따로 부부 : 협력부부

상대방에 대해서 지나치게 간섭하거나

달달 볶는 것도 문제지만

무관심 무간섭은 부부관계도

그어 못지않게 위험합니다.

서로 보살피고 도와주는 협력부부가 되어야 합니다.

8. 폭력부부: 치료부부

법은 멀고 주먹이 가깝다고 먼저 무력으로

제압하려고 해서는 안 됩니다.

폭력은 이유여하를 막론하고 범죄행위입니다.

서로의 아픔을 감싸주고 치료하는

치료부부가 되어야 합니다.

9. 무시부부 : 존중부부

사사건건 무시 받고 살면

모든 일에 힘이 빠집니다.

서토 인정하고 존중해 줄 때

능력이 생기고 행복해집니다.

서토 인정해 주는 존중부부가 됩시다.

10. 속임 부부 : 진실부부

부부는 비밀이 없어야 합니다.

서로 속이는 것이 많아지면 문제가 생깁니다.

거짓말 하나 때문에 문제가 눈 덩이처럼

자꾸 커지는 것을 봅니다.

하나님께서 정해주신 부부는 언제나 작은 일 하나부터

하나도 꾸밈이나 거짓 없는 삶을 살 때

모범적인 가정이 되고 경건한 자녀가 되며

모든 사람에게 존경 받는 가정이 된다는 사실

우리 모두가 알고 있지만

그대로 시행하기는 힘들지요

그러나 꼭 지켜 행복 부부 가정이 되시기를 바랍니다.

샬롬

2010년 11월 20일 김형원 목사 제공

죽음 택한 30대 엄마 여 변호사

뉴질랜드 원주민 마오리족 출신인 졸렌 파투아와 투이라베 변호사(2010년 33세)는 2006년 30세 생일날에 유방암 진단을 받고 치료를 받았다. 그런데 2009년 여름 임신 사실을 안 직후 암이 재발했다는 진단을 받고 의사가 "암 치료를 하려면 아이를 포기해야 한다"고 했지만 뱃속의 아이를 살리고 자신이 죽기로 각오한다. 그리고 투이라베 씨는 2010년 4월 14일 몸무게 1.9kg의 루이를 얻었고 10주 뒤인 6월 26일 가족과 친구들이 지켜보는 가운데 남편의 팔에 안겨 조용히 숨을 거두었다. 아이를 위해 자신의 생명을 아끼지 아니한 어머니의 사랑의 극치를 보여주는 삶이다. 투이라베 씨는 마오리 변호사협회의 공동 회장으로 잭슨리브스 법률회사에서 환경과 마오리 관련 법 전문가로 활동해 왔다.

2010년 7월 18일 뉴질랜드 해럴드

중동을 보는 눈

1975년 여름 어느 날, 박정희 대통령이 현대 정주영 회장을 청와대로 불렀다.

"지금 당장 중동에 좀 다녀오세요. 중동에 할 일이 많은데, 공무원을 보내니 2주 만에 와서 하는 말이 '낮에는 더워서 일을 못하고, 물이 없어 공사가 불가능 하다'고 합니다. 정 회장도 불가능 하다고 하면 나도 그만 두겠습니다."

5일 만에 중동에서 귀국한 정주영 회장이 박정희 대통령을 만났다.

"지성이면 감천이라더니 하늘이 돕습니다."

"무슨 말이요?"

"중동은 건설공사가 제일 쉬운 지역입니다.

"1년 12달 비가 없으니 일 년 내내 공사를 할 수 있고, 건설에 필요한 모래자갈이 현장에 널려 있으니 자재 조달이 쉽고 물은 어디서 실어오면 됩니다."

"50도가 넘는 더위는?"

"낮에는 에어컨 틀고 자고 밤에 일하면 됩니다."

박 대통령께서 부자를 눌러 비서실장을 불렀다.
"현대가 중동에 가는데 정부가 최대한 지원을 하시요."

한국 사람들은 낮에는 자고, 밤에 횃불을 들고 일을 했다. 전 세계가 놀랐다. 30만의 근로자가 파견되고, 사막의 땅 중동은 딸라 박스가 되고 이는 우리나라 경제 발전의 밑거름이 되었다.

어느 자료에서

가나안을 보는 눈

가나안 땅을 정탐한 10사람은 그 땅을 악평하였지만 믿음의 사람 여호수아와 갈렙은 달랐다.

"이스라엘 자손의 온 회중에게 말하여 이르되 우리가 두루 다니며 정탐한 땅은 심히 아름다운 땅이라 여호와께서 우리를 기뻐하시면 우리를 그 땅으로 인도하여 들이시고 그 땅을 우리에게 주시리라 이는 과연 젖과 꿀이 흐르는 땅이니라. 다만 여호와를 거역하지는 말라 또 그 땅 백성을 두려워하지 말라 그들은 우리의 먹이라 그들의 보호자는 그들에게서 떠났고 여호와는 우리와 함께 하시느니라 그들을 두려워하지 말라."(민14:7-9).

하나님의 눈으로 보면 가나안은 젖과 꿀이 흐르는 땅이지만 사람의 눈으로 보면 사막이나 다름이 없다. 믿음의 눈과 불신의 눈은 그만큼 차이가 크다.

편저자 제공

십자가를 보는 눈

　세상의 많은 사람들은 십자가를 흉악범을 처형하는 형틀로, 세상에서 가장 저주받은 사형 도구로 봅니다.

　그러나 하나님의 은혜로 구원받은 우리는 십자가에서 하나님의 능력을 보게 되고 아름다운 복음을 듣게 됩니다.

　그리스도의 십자가는 하나님과 죄인을 화목하게 하는 유일한 방법입니다.

"십자가의 도가 멸망하는 자들에게는 미련한 것이요
구원을 받는 우리에게는 하나님의 능력이라."(고전1:18).

박형용 제공

진정한 영웅 채명신 장군

　"월남전의 영웅" 채명신 장군이 2013년 11월 25일 향년 88세로 별세했다. 채명신 장군은 살아있을 때 "파월 장병이 묻혀있는 묘역에 묻어 달라"는 유언을 남겼다고 한다. 그래서 채명신 장군은 서울 동작구 국립서울현충원 병사묘역에 묻혔다. 채장군의 묘지는 베트남 전 당시 채장군과 동고동락한 고 장상철 상병의 묘지 앞에 마련되었다. 원래 장군의 묘는 약 8평(26.44㎡)인데 채장군은 1평 남짓한 병사의 묘역에 마련된 것이다. 그리고 묘비명은 "육군 중장 채명신의 묘"라고 다른 병사들의 묘비와 같이 적었다. 참으로 진정한 애국자요, 진정한 군인이요, 그리고 진정한 영웅이시다. 한국은 지금 이런 훌륭한 사람이 필요할 때이다.

2013년 11월 30일
박형용 전언

테리 팍스 달리기 (Terry Fox Run)

테리 팍스(Terry Fox, 1958.7. - 1981.6.)는 1977년 3월, 그의 나이 18세 때 골수암(osteosarcoma) 진단을 받았습니다.

병원에서 테리는 한 장애자가 뉴욕 마라톤 대회에 참가한 잡지기사를 읽었는데, 수술 전날 밤 자신이 캐나다를 횡단하는 꿈을 꾸었습니다.

테리는 그 후부터 암 연구 기금을 모으기 위한 캐나다를 횡단하는 마라톤 을 계획했습니다.

그 꿈을 꾼 다음 날 그는 오른 쪽 다리의 무릎 위 15cm까지 절단하는 수술을 받았습니다. 이어 그는 16개월 동안 고통스러운 항암치료 받으면서, 그리고 암으로 고생하는 많은 사람들의 고통을 지켜보면서 이 무서운 질병 치료 연구를 후원하기로 서원했습니다.

1980년 4월 12일, 체력 훈련을 마친 후 테리는 의족을 달고 캐나다 대륙을 횡단하기 시작했습니다. 캐나다 동쪽 맨 끝에 있는 뉴펀들랜드 주 세인트 존스(Saint John's)에서 캐나다의 가장 서쪽에 있는 브리티시컬럼비아(BC)주 주도인 빅토리아 까지 달리는 대장정을 시작한 것입니다.

처음에는 매스컴에서 별 관심을 보이지 않았습니다. 하지만 그는 자신의 달리기를 "희망의 마라톤"(Marathon of Hope)이라 명명하고 날마다 달렸습니다. 장거리 선수이자 농구 선수였던 테리였지만 의족을 낀 사람이 매일 마라톤의 풀코스에 해당하는 42Km를, 날마다 달린다는 것은 믿을 수 없는 일이었습니다. 그해 8월 말까지 그는 눈보라, 폭풍, 찌는 듯한 더위, 폭우와 싸우면서, 다른 한편으론 의족으로 인한 물집, 무릎 염증, 발목 통증 등에 시달리면서 143일 동안 달리고 또 달렸습니다. 하지만 9월 1일, 5,376Km를 달려 온타리오 주 썬더베이(Thunder Bay) 교외에 이르렀을 때 암이 폐로 전이되어 그는 마라톤을 중단할 수밖에 없었습니다.

테리가 썬더베이에 도착했을 때 그는 전국적인 스타가 되어 있었습니다. 그의 병세가 악화되어가면서 캐나다 전국은 그의 살신성인 정신에 깊은 감동을 받았습니다. 매스컴은 그의 마라톤을 두고 "캐나다 역사상 가장 강력한 감동과 기부가 쏟아진 사건의 하나"라고 극찬했습니다. 그는 자신의 마라톤으로 전 캐나다 국민들이 1불씩 암 퇴치를 위해 기부하기를 바랐는데, 그의 마라톤으로 2500만 불이 모금되었습니다. 당시 캐나다 인구가 2400만 명이었음을 고려한다면 그의 소망이 이루어진 것입니다!

그리고 1981년 6월 28일, 그는 스물세 번째 생일을 한 달 앞두고 세상을 떠났습니다.

테리는 갔지만 사람들은 매년 그의 이름을 딴 마라톤을 통해 암 연구를 위한 모금 행사를 하기로 했습니다.

테리 폭스 재단(Terry Fox Foundation)이 설립되고 매년 암 연구를 위한 모금 마라톤이 지금까지 이어지고 있습니다. 수백만 명의 사람들이 매년 테리 폭스 달리기에 참가하고 있습니다. 현재 테리 팍스 재단은 전 세계 60여 나라에서 암 연구를 위한 모금 마라톤 행사를 개최하고 있습니다.

바울 사도는 하나님의 은혜의 복음을 증거 하기 위하여 목숨을 걸고 달려갔습니다. 바울 사도는 이 십자가의 길을 달리므로 수많은 영혼을 구했습니다.

신묘 년 새해에도 우리는 바울이 달려간 그 십자가의 길을 목숨을 걸고 달려가야 합니다. 이로써 한 영혼이라도 구원하는 성도가 되어야 할 것입니다.

"나의 달려갈 길과 주 예수께 받은 사명 곧 하나님의 은혜
의 복음 증거 하는 일을 마치려 함에는 나의 생명을 조금도
귀한 것으로 여기지 아니하노라."(행20:24)

편저자 제공

Ph.D.의 영욕(榮辱):
(Honor and Disgrace of Ph.D.)

학문의 영역에서 한 사람이 Ph.D. (철학박사)를 획득하는 것은 대단한 영광이요 자랑할 만한 일이다. 한 학문분야에서 Ph.D.를 수여받는 것은 그 사람이 그 분야에서 어느 정도 인정받을 수 있는 사람임을 증거 하는 것이다. Ph.D.를 획득하는 것이 혼자의 힘으로는 어려워서 남편은 공부에 전념하고 아내는 일을 해서 공부하는 사람들이 소위 "아내 장학금"을 타면서 공부했다고 고백하기도 한다. 그래서 Ph.D.를 Push Husband to the Degree (PH.D. 남편을 밀어서 학위 받게 하는 것)라고 우스갯소리로 말하곤 한다.

그런데 오늘 우리 사회는 "양심이 있는 학자들 중에는 더 높은 생산성으로 학생들에게 보답하려고 노력하는 사람도 있지만, 학자적 양심으로 사고하고 행동하는 교육자들 보다 개인 영달을 따라 생각하고 살아가는 교육자가 더 증가하고 있는 세태이다." 그래서 "목회자, 승려, 기업주, 공무원, 농민들처럼 특별히 전문분야의 높은 학문을 겸비하지 않아도 좋을 사람들이 학위 이데올로기에 젖어 허울뿐인 박사학위를

얻기 위해 재주"를 부리곤 한다. 그런 이유 때문에 Ph.D.를
가리켜 Pile-high-Deep shit (높고 깊게 쌓인 똥)으로 부르기
도 한다.

황의각 교수 제공(미래한국, 2014. 3. 31-4. 13: 469호, pp. 16-17)
편저자 요약정리

따뜻한 배려

　2014년 초 하루는 모처럼 전철을 탈 수 있는 기회가 생겼다. 전철 안에서 손잡이를 잡고 두리번거리다가 눈길을 끄는 안내문을 보게 되었다. 그 내용은 다음과 같다. "이곳의 일곱 개 좌석은 다른 곳보다 바람의 영향이 적고 온도가 2C 높은 자리입니다. 임신한자를 배려해 주실 것을 부탁합니다." 이 안내문을 읽고 내 마음이 따스해졌다. 우리가 사는 세상에 이런 따뜻한 배려의 마음이 많았으면 좋겠다.

편저자전언

목사가 강단을 떠나면 죽는다

103세 되신 방지일 목사님의 증언이다. 방지일 목사님은 평양신학교 다니실 때 박윤선 목사님과 깊은 교제를 나누며 친구로 지냈다. 신학교 다닐 때 자주 모란봉에서 함께 기도했는데 가장 어려웠던 것이 습기와 물이었다. 방지일 목사님이 습기와 물에 대한 어려움을 이야기 하자 박윤선 목사님이 "기도가 부족하구먼"이라고 말하고 함께 더 기도했다. 박윤선 목사님은 "목사가 강단을 떠나면 죽는다"라는 말을 자주 하곤 했다.

2013년 10월 8일 방지일 목사 증언

———

무엇이 성공이고 무엇이 행복인지를 알지 못한 채 하나님이 허락하신
시간의 한계를 다 허비하고 만다. 성공과 행복은 직접 추구해서 얻는 것이 아니요,
하나님의 말씀에 따라 정직하게 살고 성실하게 살 때 부수적으로 따라오는 것이다
(마 5:3-12 참조)

본문 [무엇이 성공이요 행복인가?] 중에서

2부

행복 이야기

침묵은 죄

히틀러 (Hitler)의 만행을 친히 경험한 독일의 목사요 신학자인 마르틴 니묄러 (Martin Niemoeller)가 경고한 침묵의 죄가 얼마나 무서운지를 다음의 그의 말에서 깨달을 수 있다. 오늘을 사는 우리들은 우리들의 침묵의 결과로 발생한 잘못을 후대에게 넘겨주어서는 안 되겠다. 니묄러 목사는 이렇게 말했다.

"나치는 공산당을 숙청했다. 나는 공산당원이 아니었으므로 침묵했다. 그 다음엔 유대인을 숙청했다. 나는 유대인이 아니었으므로 침묵했다. 그 다음엔 노동조합원을 숙청했다. 나는 노동조합원이 아니었으므로 침묵했다. 그 다음엔 카톨릭 교도를 숙청했다. 나는 개신교였으므로 침묵했다. 그 다음엔 나에게 왔다. 그 순간에 이르자, 나서줄 사람이 아무도 남지 않았다."

김용삼 미래한국 편집장 사용 허락
미래한국, Vol. 516 (2016년 1월 27일), p. 84.

그리스도 안에서의 충만
(Fullness in Christ)

"And of His fullness we have all received." (John 1:16).
"우리가 다 그의 충만한 데서 받으니…"

These words assure us there is fullness in Christ.
다음의 말씀들은 그리스도 안에 충만이 있음을 우리에게 확인시켜 준다.

1. There is fullness of essential Deity. "In Him dwells all the fullness of the Godhead." (Colossians 2:9).
신성의 본질적인 충만이 있다. "그 안에는 신성의 모든 충만이 육체로 거하시고" (골 2:9)

2. There is fullness of perfect manhood. "The glory of the Lord shall be revealed. And all flesh shall see it together.' (Isaiah 40:5).
완전한 인성의 충만이 있다. "여호와의 영광이 나타나고 모든 육체가 그것을 함께 보리라" (사 40:5)

3. There is fullness of atoning in His blood. "The blood of Jesus Christ His Son cleanses us from all sin." (1 John 1:7).

그의 피 안에 구속의 충만이 있다. "그 아들 예수의 피가 우리를 모든 죄에서 깨끗하게 하실 것이요." (요일 1:7)

4. There is fullness of justified righteousness in His life. "There is now no condemnation to those who are in Christ Jesus." (Romans 8:1).

그리스도의 삶 속에 성취된 의의 충만이 있다. "이제 그리스도 예수 안에 있는 자에게는 결코 정죄함이 없나니" (롬 8:1)

5. There is fullness of divine sufficiency in His plea. "He is also able to save to the uttermost those who come to God through Him since He always lives to make intercession for them." (Hebrews 7:25).

그리스도의 간구 안에 신적 충족의 충만함이 있다. "그러므로 자기를 힘입어 하나님께 나아가는 자들을 온전히 구원하실 수 있으니 이는 그가 항상 살아 계셔서 그들을 위하여 간구하심이라" (히 7:25)

6. There is fullness of victory in His death. "Through death He might destroy him who had the power of death, that is, the devil." (Hebrews 2:14).

그리스도의 죽음 안에 승리의 충만함이 있다. "죽음을 통하여 죽음의 세력을 잡은 자 곧 마귀를 멸하시며" (히 2:14)

7. There is fullness of power in His resurrection from the dead. "His abundant mercy has begotten us again to a living hope through the resurrection of Jesus Christ from the dead." (1 Peter 1:3).

그리스도의 부활 안에 능력의 충만이 있다. "그의 많으신 긍휼대로 예수 그리스도를 죽은 자 가운데서 부활하게 하심으로 말미암아 우리를 거듭나게 하사 산 소망이 있게 하시며" (벧전 1:3)

8. There is fullness of triumph in His ascension. "When He ascended on high, He led captivity captive, and gave gifts to men." (Ephesians 4:8).

그리스도의 승천에 대승리의 충만이 있다. "그가 위로 올라가실 때에 사로잡혔던 자들을 사로잡으시고 사람들에게 선물을 주셨다." (엡 4:8)

9. There is fullness of blessing of every kind and shape and fullness of grace to pardon, regenerate, sanctify, preserve, and perfect.

모든 종류와 모양의 축복의 충만, 용서와 중생과 성화와 보존과 완전하게 되는 은혜의 충만이 있다.

10. There is fullness of comfort in affliction and of guidance in prosperity.

고난을 받을 때 위로의 충만과 번성할 때 인도의 충만이 있다.

11. There is fullness of every divine attribute, of wisdom, power, and love, a fullness that is impossible to survey, much less to explore. "It pleased the Father that in Him all the fullness should dwell." (Colossians 1:19).

모든 신적인 속성의 충만과 지혜의 충만, 권능의 충만, 사랑의 충만이 있고, 더 이상 말로 표현할 수 없는 충만이 있다. "아버지께서는 모든 충만으로 예수 안에 거하게 하시고" (골 1:19)

Come, believer, ask great things and you will receive great things. This fullness is inexhaustible. This fullness is treasured where all the needy can reach it. It is treasured in Jesus, Immanuel: God with us.

성도들이여, 와서 위대한 것을 구하라, 그러면 당신은 위대한 것을 받으리라. 이 충만은 다 함이 없는 것이다. 이 충만은 필요한 모든 사람이 소유할 수 있도록 보존되어 있다. 그것들은 임마누엘 즉 하나님이 우리와 함께하시는 예수 안에 보존되어 있다.

"Morning and Evening – Daily Devotions" by Charles Spurgeon (1834-1892)
찰스 스펄전의 매일 묵상에서 편저자 번역

from Tower Notes, February 2015

Four Dollars(4 달러)의 행복

　2012년 본인이 약 9개월 예정으로 안식년을 가진 해이다. 먼저 정착은 늘 하던 데로 아틀란타(Atlanta)로 정했다. 그리고 성탄절이나 방학과 같은 기간에는 필라델피아에서 박사 학위 공부를 하고 있는 아들 바울(Paul)과 볼티모어에 위치한 죤스 합킨스(Johns Hopkins) 대학에서 생명공학으로 박사 학위(Ph.D)를 마치고 지금은 리써치 펠로우로 연구하고 있는 세라(Sarah)가 우리와 합세하게 되어 있었다.

　그런데 2012년 6월 4일 자녀들을 픽업(pick up)하기 위해 아틀란타 공항에 가서 두 자녀를 픽업한 후 공항 금전 계산소에 도착했을 때 무슨 일인지 여러 대의 차량이 줄을 서 있고 전혀 꿈적하지 않은 상태에 직면하였다. 우리의 차가 이미 한 줄에 진입했기 때문에 다른 줄로 옮길 수도 없었다. 약 5분쯤 지났을 때 돈을 받는 계산소의 직원이 우리 앞에 서 있는 여러 대의 차를 방문해서 운전자에게 4불을 기증해 달라고 호소하기 시작했다. 이유는 맨 앞에 있는 차에 대한 주차 요금을 이미 기계 상으로 계산했는데 차의 주인이 내야 할 현찰이 없어서 차가 이렇게 밀리고 있다는 것이다. 그런

데 우리 앞에 여러 대의 차량이 있는데 아무도 4불을 기증할
사람이 없는 것이다. 계산소의 직원이 우리 차까지 왔다. 그
래서 나는 선뜻 4불을 기증했다. 맨 앞에 있던 차의 주인이
나에게 와서 감사의 말을 전했다. 그리고 줄 서있던 모든 차
량이 계산소를 빠져 나왔다. 나는 고속도로를 달리면서 행복
함을 느꼈다.

2012년 6월 4일
편저자 전언

교통사고에 나타난 하나님의 은혜

하나님의 은혜로 서울성경신학대학원대학교의 총장 직무 4년을 무사히 마치게 되었다. 박형용은 2008년 2월 25일 이명박 대통령의 취임일과 같은 날 서울성경신학대학원대학교 총장으로 취임했다. 이명박 대통령 취임은 여의도 국회의사당 앞에서 행해졌고, 서울성경신학대학원대학교 총장 취임은 신대방동에 소재한 대천교회당에서 진행되었다. 그때 웃는 말로 여의도로 가실 분은 여의도로 가고 신대방동으로 오실 분은 신대방동으로 오십시요라는 말을 했다. 그래서 이명박 대통령과 박형용 총장은 취임 날자가 같다. 그런데 서울성경신대원을 나름대로 안정적으로 운영되도록 하고 2012년 2월 말로 퇴임을 하였다.

총장으로 재임하면서도 계속 합동신학대학원대학교에서 한 과목을 가르쳐 왔기 때문에 2012년 1학기도 3학년 필수인 "바울신학"을 강의하였다. 그런데 2012년 5월 24일(목)에 둘째 딸 세라(Sarah Park)가 생명공학(Molecular and Cellular Medicine)으로 박사학위(Ph.D)를 죤스 합킨스 대학교(Johns Hopkins University)로부터 받게 되었다. 죤스 합킨스 대학교는 의과 계통으로는 미국에서 둘째가라면 서러워할 정도로 명성이 있는 학교이다. 그래서 서울성경신학대학원대학교의 총장 임기도 마친 후이고 합동신학대학원의 강의도 보강을 하여 조금 빨리 마칠 수 있기에 딸의 박사학위 취득을 축하하기 위해 안식 학기를 갖기로 하고 미국을 방문했다.

존스 합킨스 대학교가 소재한 볼티모어(Baltimore)에 도착하여 며칠을 머물면서 세라의 친구들과 지도교수(Advisor)인 데이빗 티 유 (David T. Yue) 박사를 만났다. 지도교수에게는 세라를 지도해 준 일에 대해 감사의 말을 전했다. 세라의 박사 학위 수득을 축하 한 후 웨스트민스터신학대학원이 소재한 필라델피아에서 며칠 더 머물면서 친구들과 옛정을 나누고 6월 초에 아틀란타(Atlanta)로 이동하여 2013년 2월 말까지 체류할 것을 생각하고 아파트를 구하고 (친구인 송영성 목사가 이미 정해 두었음) 자동차를 구입했다. 그런데 자동차는 현재 웨스트민스터신학대학원에서 변증학으로 박사학위를 공부하고 있는 아들 박바울을 생각하면서 장만하였다. 바울이가 현재 쓰고 있는 자동차가 말썽을 많이 부린다고 하여 우리가 쓰다가 한국으로 귀국할 때 바울에게 주고 올 생각으로 바울과 의논 한 후 2013년 최신형 현대 엘란트라 (한국은 현대 아반떼)를 구입하였다.

그런데 박형용의 안식학기는 주변의 교회와 여러 신학대

학으로부터 강의 요청이 많아 사실상 안식년으로 보내고 있는 실정이었다. 박형용의 일정 중 2012년 11월 7일(수)에는 미드웨이장로교회 (Midway Presbyterian Church)에서 말씀을 전하고 11월 10일(토)은 플로리다 오칼라 (Ocala, Florida)에 소재한 그래이스장로교회 (Grace Presbyterian Church)에서 11일(주일) 아침 성경공부시간, 11시 예배의 설교, 그리고 예배 후 교제시간에 말씀을 전하기로하고, 오후에는 같은 교회 건물에서 모이는 오칼라(Ocala)한인장로교회(김삼 목사)에서 말씀을 전하기로 약속되어 있었다.

그런데 미드웨이교회가 집회 전에 저녁을 함께하자고 초청을 하였다. 나는 아내와 함께 예정된 저녁시간 전에 미드웨이교회에 도착하였다. 저녁 식사 하는 중 우리 식탁에 미드웨이 교회의 청년지도목사 (Youth Pastor)가 함께 식사를 하게 되었는데 마침 탁구 이야기가 나오게 되었고, 내가 탁구를 조금 잘 친다고 말을 하였다. 그 때 청년 지도목사인 데이비드 배리 (David Barry)가 나에게 탁구 도전을 하였다. 내용인즉슨 예배 마친 후에 자기와 함께 탁구를 친 후 집으로 가라는 것이었다. 나는 이런 제안을 받으면 흔쾌히 응답한다. 그래서 수요 저녁 집회를 마치고 탁구대가 있는 곳으로 이동하였다. 그곳에 미드웨이교회의 담임목사인 데이비드 홀 (David Hall)목사도 임석하고 다른 성도들도 많이 참석하였고 특히 배리 지도목사의 지도를 받고 있는 청년들이 많이 참석하였다. 우리는 즐겁게 몇 라운드를 하였다. 그런데 배리 지도목사는 나의 상대는 아니었다. 마지막 판은 21점 개임으로 21대 5로 내가 이기기도 하였기 때문이다.

밤 9시경쯤 되어 탁구 치는 것을 끝내고 아내와 나는 엘란트라 차에 올라 집으로 향하였다. 교회의 주차장을 빠져나와 큰 길에서 우회전을 하여 집 쪽으로 가는데 약 30여 미터 가니 신호등이 빨강 불이었다. 이미 한 차가 신호를 기다리며 정차해 있어서 나는 그 뒤에 정차를 하였다. 그런데 잠시 후에 어느 차가 우리 차의 뒷부분을 들이 받았다. 갑작스런 상황에 우리는 크게 놀랐다. 아내는 배의 창자가 앞으로 튀어 나왔다가 다시 들어간 느낌이었다고 말했다. 나는 추돌할 때 무의식적으로 왼발에 힘을 주었는지 왼발 장딴지 쪽이 뻣뻣해 있었다. 정신을 가다듬은 후에 사건을 정리하기 위해 차에서 나와 우리를 추돌한 차의 운전자를 보는 순간 한 번 더 놀랐다. 왜냐하면 그 운전자는 다름 아닌 조금 전 나와 탁구 시합을 했던 청년지도목사 데이비드 배리였기 때문이다. (이 이야기를 들은 사람들은 모두가 이 대목에서 청년지도목사가 탁구에 진 것을 복수하기위해 들이 받았다고 웃으면서 말한다. 그러나 그 시간은 저녁 9시 경이었다).

하나님은 이 사고에서 우리를 "생명보호 담요"로 둘러

싸 보호해 주셨다고 믿는다. 우리는 경찰을 부르고, 렉커 (wrecker)차량을 부르고, 보험관계자를 불러 사고 뒤처리를 완료했다. 그리고 배리 목사의 차도 렉커차로 움직여야 할 상태이기에 배리목사가 교회의 차량을 빌려 우리를 우리 아파트까지 저녁 늦게야 데려다 주었다.

우리는 11월 11일 주일 그래이스장로교회 (Grace Presbyterian Church)에서 설교하기로 스케쥴이 잡혀 있었기 때문에 차량을 렌트하여 플로리다로 10일(토)에 떠났다. 마침 렌트한 차가 복스바겐 차량이었는데 크루스 콘트롤(Cruise Control) 장치가 없는 차량이어서 사고 후에 몸이 온전하지 않은 상황에서 힘들게 운전을 할 수밖에 없는 그런 여행이었다. 그레이스장로교회(Grace Presbyterian Church)에서 주일의 모든 임무를 마치고 월요일에 아틀란타로 다시 돌아왔다. 그리고 얼마 후 보험회사(State Farm)로부터 "당신 차는 폐차처분 해야 합니다"(Your car is unrepairable.)라는 소식이 왔다. 그리고 우리가 사용한 차가 2012년 6월에 구입한 차이기에 그 동안의 사용분을 제하고 약 17,000불을 보상해주었다. 우리는 차가 작은 차이기에 이렇게 큰 사고로 이어지지 않았나 생각하고 아들에게 넘겨줄 것을 생각하면서 이번에는 돈을 좀 빌려 2013년형 현대 소나타(Sonata)를 구입하였다. 소나타의 값은 약 25,000불이었다. 그리고 우리는 교통사고는 후유증이 있을 수 있으니 병원의 치료를 받아야 한다는 많은 사람의 권면을 받았다. 그권면에 따라 한인의사가 운영하는 병원(Chiropractor)을 방문해서 한 번 치료를 받았다. 그런데 그 다음 병원을 방문했을 때 변호사 사무실에서 한 사람이 나와 이 사건을 자기들에게 맡겨달라는 것이었다. 그래서 나는 변호사가 이 사건을 맡으면 미드웨이교회(Midway Presbyterian Church)나 배리(Barry) 목사에게 무슨 영향이 있는지 확인을 하였다. 왜냐하면 미드웨이교회는 내가 거의 40여년을 친교 해 온 교회이기 때문이었다. 변호사는 미드웨이교회에도 그리고 배리목사에게도 전혀 영향을 미치지 않는다고 말하면서 이는 오로지 변호사와 보험회사와의 관계에서 타협하게 된다고 했다. 그래서 나는 그 변호사에게 사건을 맡기고 한국 웨스트민스터신학대학원대학교 (Westminster Graduate School of Theology)에서 총장으로 초청했기에 2월 초순에 한국으로 귀국하였다. 변호사 사무실과의 법적 문제는 그 당시 아틀란타 소재 화평교회의 담임목사였던 조기원 목사(현재는 서울송파 소재 송파제일교회 담임)에게 위임하여 일임하였다.

그런데 얼마 후에 미국의 변호사 사무실에서 연락이 왔는데 보험회사에서 박형용에게는 4277불, 박순자에게는 4250불을 배상하기로 결정했다는 것이다. 두 사람이 배상받을 금액이 8527불이다. 그래서 엘란트라 사고 후 이전 보험회사에서 보상받은 17,000불과 이번에 나와 아내의 보상비 몫인 약 8,000불을 합친 금액이 25,000불이 되어 사고 난 후 새로 구입한 소나타 값 25,000불과 정확하게 일치하는 것을 보고 하나님은 계산도 정확하게 하신다고 생각하며 하나님의 깊은 섭리적 인도를 감사했다. 하나님은 우리를 폐차를 시킬 만큼의 비교적 큰 교통사고에서도 "생명보호담요"로 감싸주셨고, 경제적으로도 전혀 어려움 없도록 인도해 주셨다. 이 교통사고 덕에 박바울은 현대 엘란트라 (한국은 현대 아방떼) 대신 더 좋은 현대 소나타를 물려받을 수 있었다.

"흙수저로 태어나 금수저로 사는 삶"에 게재됨
박형용 제공

덕담의 기적

오늘은 어제 사용한 말의 결실이고
내일은 오늘 사용한 말의 열매다.
내가 한말의 95%가 나에게 영향을 미친다.
말은 뇌세포를 변화시킨다.
말버릇을 고치면 운명도 변하는 것이다.

01. 호수에 돌을 던지면 파문이 일듯
　　 말의 파장이 운명을 결정짓는다.

02, 아침에 말하는 첫마디는 중요하다.
　　 밝고 신나는 말로 하루를 열어라.

03. 말은 에너지다.
　　 좋은 에너지를 충전시켜라.

04. 말에는 각인효과(刻印效果)가 있다.
　　 같은 말을 반복하면 그대로 된다.

05. 김영삼 학생은 책상 앞에
'나는 미래의 대통령'이라고 써 붙이고 공부했다.

06. 자나 깨나 "감사합니다."를 반복한 말기 암 환자.
한 순간 암세포가 사라졌다.

07. 밝은 음색(音色)을 만들어라.
소리 색깔이 변하면 운세도 변한다.

08. 미소표정으로 바꿔라.
김연아는 표정을 바꾸고 11번이나 기록을 갱신했다.

09. 정성을 심어 말하라.
정성스런 말은 소망성취의 밑바탕이다.

10. 퉁명스러운 말투는 들어온 복도 깨뜨린다.
발성연습을 게을리 말라.

11. 불평불만만 쏟으면 안 될 일만 연속된다.
투덜대는 습관은 악성 바이러스다.

12. 열심히 경청하면 마음의 소리까지 들린다.
상대방의 말에 집중하라.

13. 시비에 끼어들지 말고 자기 길로 가라.
두고두고 후회한다.

14. 말에는 견인력(牽引力)이 있다.
없는 말을 퍼뜨리면 재앙이 따른다.

15. 부정적인 언어는 불운을 초래한다.
긍정 언어로 복을 지어라.

16. 때로는 침묵하라.
침묵은 최상의 언어다.

17. 눈으로 말하라.
눈은 입보다 더 많은 말을 한다.

18. 사랑합니다. 감사합니다. 덕분입니다.
미안합니다 를 상용어로 사용하라.

19. 대화에도 질서가 있다.
    끼어들기 가로채기 앞지르기는 3대 재앙이다.

20. 잘못은 용서 빌고 용서를 빌면 용서하라.
    그래야 사랑과 평화가 깃든다.

21. 좋은 책은 소리 내서 읽고 또 읽어라.
    놀라운 변화가 나타난다.

22. 목소리를 낮춰라.
    조용한 소리가 오히려 위력이 있다.

23. 임산부의 험담은 태아에 영향을 미친다.
    실험결과를 주목하라.

24. 좋은 말을 하는 사람과 자주 만나라.
    좋은 파장이 공유된다.

25. 죽는 소리를 자주하면 죽을 일만 생긴다.
    그것이 말의 영향력이다.

26. 상처 주는 말은 암보다 위험하다.
　　말부터 수술하라.

27. 시인은 대부분 행복하다.
　　용어의 선택이 남다르기 때문이다.

28. 만년 꼴찌에게 칭찬교육을 시켰다.
　　지금은 우등생이다.

29. 10년간 허덕이던 회사.
　　전사원의 덕담 훈련으로 위기를 넘겼다.

30. 위기의 부부 150쌍의 언어습관 교정.
　　146명이 행복하게 살고 있다.

31. 남을 심판 말라.
　　업보 중에 가장 무서운 업보가 구업(口業)이다.

32. 상대에 따라 다른 언어를 사용하라.
　　옷만 아니라 말도 맞춤이 있다.

33. 좋은 말 열 번 해도 나쁜 말 한번으로
도로아미타불 된다. 조심하라.

34. 누구나 장점은 있다.
장점을 찾아 길러주면 복되어 돌아온다.

35. 칭찬은 덕담 중에 덕담이다.
칭찬습관을 길들여라.

36. 자동차도 욕먹으면 계속 속 썩인다.
물질에도 언어가 감응된다.

37. 화초를 잘 키우는 사람과 거래하라.
말에 사랑이 깃들어 있다.

38. 남을 제물로 삼지 말라.
그것은 언어를 통한 살인이다.

39. 남 탓하는 사람은 되는 일이 없다.
탓하면 덧난다.

40. 욕덕었다고 화내지 말라.
그가 한 욕은 그에게 돌아간다.

41. 서비스 중에 립 서비스가 최고다.
끊임없이 수련하라.

42. 국운(國運)도 사용언어가 만든다.
선진국 후진국을 비교하라.

43. 입이 가벼우면 실패가 겹친다.
남아일언 중천금(男兒一言重千金)이다.

44. 지난 신문은 보지 않는다.
새롭고 비전 있는 말을 하라.

45. 겸손하면 진정 올라간다.
자신을 낮춰 말하라.

46. 좋은 글이 인성(人性)을 변화시킨다.
독서 습관을 길들여라.

47. 적당할 때 말을 끝내라.
   교장 훈시와 긴 설교는 쇠귀에 경 읽기다.

48. 천국과 지옥도 하는 말이 결정한다.
   사용 언어를 점검하라.

49. 쉬지 말고 기도하라.
   기도는 절대자와 직통전화다.

50. 날마다 덕담을 12번씩 해보라.
   100일이면 삶이 밝아진다.

류태영 박사 제공 2015년 1월 26일

박형용의 기분 좋은 하루

본 필자는 신학대학원 교수이자 목사이다. 본 필자는 2016년 3월 24일(목) 종로 5가에 위치한 기독교 학술원(김영한 원장)에서 "성경의 영감과 영성"이라는 주제로 강의를 하게 되어 있었다. 교통편을 생각하다 우리 집에서 마을버스를 타고 서울대입구역으로 가서 2호선 전철을 사용하여 신도림 역으로 가서 1호선으로 갈아타면 종로 5가에 갈 수 있다는 것을 알게 되었다. 지금까지는 종로 5가에 가기위해서 숭실대역에서 7호선을 타고 이수역으로 가서 4호선으로 바꿔 타고 서울역까지 가서 거기에서 1호선으로 갈아타고 종로 5가로 가곤했었다. 그런데 2호선을 타고 신도림 역에서 갈아타면 한번만 갈아타는 루트라 좋은 발견을 했다고 생각했다. 그래서 필자는 2호선을 타고 신도림 역에서 1호선으로 갈아탄 후 마침 노약자 자리에 빈 공간이 있어서 그 자리에 앉아 강의할 원고를 들여다보고 있었다. 그런데 옆자리에 앉아계신 60대쯤 되어 보이는 한 아주머니께서 갑자기 "목사님이시지요"라고 묻는 것이 아닌가? 그래서 "예"라고 대답한 후 생각해 보았다. 정확히는 알 수 없지만 나의 모습이 목사님처럼 보였나 보다 라고 생각하면서 기분이 나쁘지 않았다.

강의를 마친 후 마침 시간도 있고 해서 나의 총신 제자로 종로 5가에서 정치과의원을 하고 있는 정재영 박사를 만난 후 집으로 가기로 작정했다. 빈손으로 들어가기가 마음에 걸려서 근처의 과일 상점에서 과일을 조금 샀는데 과일을 파는 아주머니께서 과일 봉지를 건네면서 갑자기 하시는 말씀이 "반기문 총장님과 많이 비슷하시네요"라고 말씀하시는 것이다. 제가 그때 "그렇습니까?"라고 반응하면서 속으로 많이 웃었다. 왜냐하면 전혀 알지 못한 20여명의 사람들로부터 같은 말을 들은 적이 있기 때문이다.

심지어 이런 일도 있었다. 2015년 11월 28일부터 12월 8일까지 하와이 호놀루루(Honolulu, Hawaii)에서 진행되는 AGST-Pacific과정으로 "성경적 선교신학"(27시간)을 강의하기 위해 호놀루루에 가게 되었다. 11월 28일 오전 10시경 호놀루루에 도착하여 입국수속을 받는데 담당직원이 나의 여권을 보더니 갑자기 "Are you a famous man?"이라고 해서 당황한 나머지, 얼떨결에 내가 "a little bit"이라고 대답했다. 그랬더니 같은 직원이 다시 "Are you on TV a lot?"이라고 두 번째 질문을 해서 내가 또 얼떨결에 "once in a while"이라고 대답했더니 곧바로 도장을 찍어서 입국을 허락해 주었다. 나는 나오면서 혹시 이분이 반기문 유엔 사무총장을 떠 올린 것 아닌가라고 생각하면서 웃음을 금치 못했다.

　이제 다시 종로로 돌아가자. 정재영 박사를 만난 후 집으로 돌아오기 위해 이제는 1호선을 탔는데 역시 노약자 자리에 빈공간이 있어서 그 자리에 앉았다. 그런데 얼마 있다가 한 부인이 내 옆자리에 앉더니 갑자기 "목사님이시지요"라고 말하는 것이 아닌가. 하루에 한 번도 아니고 두 번이나 전혀 알지 못하는 상대로부터 "목사님이시지요"라고 목사님처럼 생겼다고 인정하는 질문을 받은 것은 기쁜 일이 아닐 수 없다. 나는 다시 한 번 옷깃을 여미면서 목사답게 살아야 되겠다는 다짐을 했다. 2016년 3월 24일은 나에게 "참으로 기분 좋은 하루"였다.

박형용 전언

I CANNOT TELL(나는 말할 수가 없네)

Sing to the tune of "O Danny Boy"

나는 하늘의 왕이 왜 영원한 평강을 떠나셔야 했는지 말할 수가 없네. 왜 하나님 자신이 그의 영광을 제쳐 놓고 아버지를 떠나 나에게 오셨는지 말할 수가 없네.

그러나 나는 이것만은 아네: 주님 그리스도께서 인간이지만 거룩하신 분으로 그 거룩한 밤 한 아이로 사랑가운데 태어나셨을 때, 나의 고요는 노래로 가득 찼고, 우리들의 모든 어두움은 하늘의 빛 때문에 사라졌네.

I CANNOT TELL WHY He, the King of Heaven,

Should leave the peace of all eternity.

Why God Himself should lay aside His splendor

To leave the Father's side and come to me.

But this I know: our silence filled with singing,

And all our darkness fled from heaven's lights

When Christ the Lord, so human, yet so holy,

In love was born a child for me that holy night.

나는 하늘의 기쁨인 그가 왜 나의 죄를 위해 자신을 주셨는지 말할 수가 없네. 왜 거룩한 하나님이 치욕 속에 있는 나를 사랑하시고, 왜 나의 영혼을 그에게 인도하기 위해 죽으셨는지 말할 수가 없네.

그러나 나는 이것만은 아네: 주 그리스도가 부활하셨고 그를 찬양해야 하는 것은 아네; 그는 내 안에서 부활하셨네! 그가 살아계시므로, 나도 영생으로 부활할 것이네! 그가 죄책으로 물든 내 마음을 가져가셨기에 나는 영원히 자유 함을 얻었네.

I CANNOT TELL WHY He, the Joy of Heaven,
Should give Himself to suffer for my sin,
Why Holy God should love me in my shamefulness,
Why He should die to draw my soul to Him.
But this I know: that Christ the Lord is risen,
And praise His name; He's risen now in me!
Because He lives; I will rise to life eternal!
He took my guilty heart, and I'm forever free!

나는 언제 그가 모든 민족을 다스리실 지 말할 수가 없네. 어떻게 그의 사랑하는 자들을 그 자신의 것으로 삼을지 알 수가 없네.

누가 모든 그의 자녀들이 그의 보좌 주변으로 모일 때 그 거룩한 기쁨의 축전을 말할 수 있겠는가.

그러나 나는 이것만은 아네: 모든 사람이 그의 영광을 볼 것이요, 모든 창조가 찬송을 할 때 하늘이 폭발할 것이네. 세상의 구주이신 그리스도께서 주님과 왕이 되실 때, 그 아들은 영원한 한 아침에 일어날 것이네.

I CANNOT TELL when He will rule the nations,

How He will claim His loved ones as His own;

And who can tell the holy jubilation

When all His children gather round His throne.

But this I know: all flesh will see His glory,

And skies will burst as all creation sings.

The Son will rise on one eternal morning

When Christ, the Savior of the world, is Lord and King!

Erla and Catherine Widerquist 제공
박형용 번역

진정한 배려와 관심과 사랑
(k 라는 초등학교 여교사가 있었다.)

개학 날 담임을 맡은 5학년 반 아이들 앞에 선 그녀는 아이들에게 거짓말을 했다. 아이들을 둘러보고 모두를 똑같이 사랑한다고 말했던 것이다. 그러나 바로 첫 줄에 구부정하니 앉아 있는 작은 남자 아이 철수가 있는 이상 그것은 불가능했다. K 선생은 그 전부터 철수를 지켜보며 철수가 다른 아이들과 잘 어울리지 않을 뿐만 아니라 옷도 단정치 못하며, 잘 씻지도 않는다는 걸 알게 되었다. 때로는 철수를 보면 기분이 불쾌할 때도 있었다. 끝내는 철수가 낸 시험지에 큰 X 표시를 하고 위에 커다란 빵점을 써넣는 것이 즐겁기까지 한 지경에 이르렀다.

K 선생님이 있던 학교에서는, 담임선생님이 아이들의 지난 생활 기록부를 다 보도록 되어 있었다. 그러나 그녀는 철수 것을 마지막으로 미뤄두었다. 그러다 철수의 생활기록부를 보고는 깜짝 놀랄 수밖에 없었다.

철수의 1학년 담임선생님은 이렇게 썼다.
"잘 웃고 밝은 아이임.
일을 깔끔하게 잘 마무리하고
예절이 바름.
함께 있으면 즐거운 아이임."

2학년 담임선생님은 이렇게 썼다.
"반 친구들이 좋아하는 훌륭한 학생임.
어머니가 불치병을 앓고 있음.
가정생활이 어려울 것으로 보임."

3학년 담임선생님은 이렇게 썼다.
"어머니가 돌아가셔서 마음고생을
많이 함. 최선을 다하지만 아버지가
별로 관심이 없음.
어떤 조치가 없으면 곧 가정생활이
학교생활에 까지 영향을 미칠 것임."

철수의 4학년 담임선생님은 이렇게 썼다.
"내성적이고 학교에 관심이 없음.
친구가 많지 않고 수업시간에 잠을 자기도 함."

여기까지 읽은 선생은 비로소 문제를 깨달았고 한없이 부끄러워졌다.

반 아이들이 화려한 종이와 예쁜 리본으로 포장한 크리스마스 선물을 가져왔는데 철수의 선물만 식료품 봉투의 두꺼운 갈색 종이로 어설프게 포장되어 있는 것을 보고는 더욱 부끄러워졌다. K선생은 애써 다른 선물을 제쳐두고 철수의 선물부터 포장을 뜯었다. 알이 몇 개 빠진 가짜 다이아몬드 팔찌와 사분의 일만 차 있는 향수병이 나오자, 아이들 몇이 웃음을 터뜨렸다.

그러나 그녀가 팔찌를 차면서 정말 예쁘다며 감탄하고, 향수를 손목에 조금 뿌리자 아이들의 웃음이 잦아들었다.

철수는 그날 방과 후에 남아서 이렇게 말했다.
"선생님, 오늘 꼭 우리 엄마에게서 나던 향기가 났어요."

그녀는 아이들이 돌아간 후 한 시간을 울었다. 바로 그날 그녀는 읽기, 쓰기, 국어, 산수 가르치기를 그만두었다. 그리고 아이들을 진정으로 가르치기 시작했다.

K선생은 철수를 특별히 대했다. 철수에게 공부를 가르쳐 줄 때면 철수의 눈빛이 살아나는 듯했다. 그녀가 격려하면

할수록 더 빨리 반응했다. 그 해 말이 되자 철수는 반에서 가장 공부를 잘하는 아이가 되었고 모두를 똑같이 사랑하겠다는 거짓말에도 불구하고 가장 귀여워하는 학생이 되었다.

일 년 후에 그녀는 교무실 문 아래에서 철수가 쓴 쪽지를 발견 했다. 거기에는 그녀가 자기 평생 최고의 교사였다고 쓰여 있었다.

6년이 흘러 그녀는 철수에게서 또 쪽지를 받았다. 고교를 반2등으로 졸업했다고 쓰여 있었고, 아직도 그녀가 자기 평생 최고의 선생님인 것은 변함이 없다고 쓰여 있었다.

4년이 더 흘러 또 한 통의 편지가 왔다. 이번에는 대학 졸업 후에 공부를 더 하기로 마음먹었다고 쓰여 있었다. 이번에도 그녀가 평생 최고의 선생님이었고 자신이 가장 좋아하는 선생님이라 쓰여 있었다. 하지만 이번에는 이름이 조금 더 길었다.
편지에는 'Dr. 박철수 박사' 라고 사인되어 있었다.

이야기는 여기서 끝나지 않는다. 그해 봄에 또 한 통의 편지가 왔다. 철수는 여자를 만나 결혼하게 되었다고 한다. 아버지는 몇 년 전에 돌아가셨으며, K선생님에게 신랑의 어머니가 앉는 자리에 앉아줄 수 있는지를 물었다.

그녀는 기꺼이 좋다고 화답했다.

그런 다음 어찌 되었을까?
그녀는 가짜 다이아몬드가 몇 개 빠진 그 팔찌를 차고, 어머니와 함께 보낸 마지막 크리스마스에 어머니가 뿌렸었다는 그 향수를 뿌렸다.

이들이 서로 포옹하고 난 뒤 이제 어엿한 의사가 된 박철수는 K선생에게 귓속말로 속삭였다.
"선생님, 절 믿어주셔서 감사합니다. 제가 중요한 사람이라고 생각할 수 있게 해주셔서, 그리고 제가 훌륭한 일을 해낼 수 있다는 걸 알게 해주셔서 정말 감사합니다."

K 선생은 또 눈물을 흘리며 속삭였다.
"철수 너는 완전히 잘못 알고 있구나. 내가 훌륭한 일을 해낼 수 있다는 걸 알려준 사람이 바로 너란다. 널 만나기전 까지는 가르치는 법을 전혀 몰랐거든."

꼭 아이들에게 해당되는 말만은 아닐 것입니다.

누군가를 믿어주고 칭찬해준다면 어른일지라도 분명 큰 일을 해내리라 믿습니다. 내 입술이라고 상대방을 내 잣대로 판단해 배우자를, 자녀들을, 또는 주변의 사람들을 함부로 비난하지 않았는지 K선생님을 보며 다시 한 번 나를 점검해 봐야 하지 않을까요.

"격려는 귀로 먹는 보약이다."
"칭찬은 고래도 춤추게 한다."

류태영 박사 제공 2015년 3월 27일

세상사의 이치

이빨이 날카로운 호랑이는
뿔이 없으며
날개 달린 새는
다리가 두개뿐이고,
날 수 없는 고양이는
다리가 네 개랍니다.

예쁘고 아름다운 꽃은
열매가 변변찮고,

열매가 귀한 것은
꽃이 별로입니다.

세상은 공평합니다.

장점이 있으면 반드시 단점이 있고,
아니 단점이 장점이 되고,
장점이 단점이 될 수 도 있는 것입니다.

이것이 세상사 입니다.

불평하면 자신은 손해만 볼 뿐
세상은 바뀌지 않습니다.

뭔가가 부족하면
생활은 조금 불편할지 모르나 진정으로
우리에게 행복을 가져다주는 것은 감사라는
삶의 태도에 있음을 수도 없이 경험 합니다.

지혜로운 사람은
행복이 감사의 마음에서 오는 것이지
외적인 환경에서 오는 것이 아님을 알고 있답니다.
매 순간마다 감사의 조건을 찾으며 살아갑니다.

작은 일에도 웃어주는 사람은
마음이 큰 사람입니다.

옮겨온 글
(Rome, GA 에 사는 Grace Oh 제공)

긍정의 힘

40세 쯤 되는 일란성 쌍둥이가 있었다. 그런데 한 사람은 남부러운 삶을 살고 있었고, 다른 사람은 대단히 어려운 삶을 이어가고 있었다. 그래서 한 사람이 이 쌍둥이에게 물었다. 성공한 사람에게 "당신은 어떻게 성공할 수 있었소"라고 묻자, 그의 대답은 "나의 부모님 때문에 성공했지요."라고 대답을 했다. 그래서 실패한 사람에게, "당신은 어떻게 이런 실패의 삶을 이어가고 있소"라고 묻자, 그의 대답 역시 "나의 부모님 때문에 실패했지요."라고 대답했다. 긍정적인 삶이 이런 차이를 가져오게 되었다.

편저자 전언

어머니와 딸의 눈높이

23세에 혼자가 되신 어머니의 유복녀로 태어난 딸이있었다.

어머니의 희생적인 수고로 유학도 하고, 나중에는 저명한 대학교의 교수가 되었다.

고등학교 이후 교회를 떠났던 딸은 어머니의 권면으로 교회에 나가게 되었다.

그런데 잠시 교회를 둘러보는데 실망이 컸다. 여자들이 모여서 남자들 험담을 하고, 장로가 다가와서 처음 본 자신에게 아들 대학 입학을 청탁하고, 회의실에서는 다투는 소리가 문밖으로 새어 나왔다.

너무 화가 난 딸은 어머니의 손을 끌고 집으로 가자고 재촉했다.

그 때 조용하기만 하던 어머니가 단호하게 말했다.

"나는 평생에 교회에 다니면서 예수님만 봤는데, 너는 딱 하루 교회에 와서는 참 많이도 봤구나."

이 말에 딸 교수는 무너졌다. 생각 없이 교회에 다닌다고 생각했던 어머니가 아니었다. 어머니의 보는 수준과 자기의 보는 수준은 하늘과 땅보다 큰 것이었다.

자기의 수준만큼 보이는 것입니다.
우리는 많은 것을 보며 삽니다.
그런데 대개 내 눈에 보인다고 하는
것은 가까이 있는 것입니다.
먼 것은 잘 보이지 않고
가까이 있는 것만 보입니다.

자꾸 거짓이 보인다면
내가 거짓 가까이 있다는 것입니다.
자꾸 교만이 보인다면
내가 교만 가까이 있다는 것입니다.
사기꾼의 눈에는 사기꾼이
가장 잘 보이는 것입니다.
섬기는 사람 옆으로 가 보십시오.
섬김만 보입니다.
기도의 사람 옆으로 가 보십시오.
기도의 능력을 보게 될 것입니다.
너무 추한 것이 자꾸 보이면
세상을 탓하기에 앞서 내가 서 있는
자리를 점검 해 보아야 합니다.
인격의 변화는 믿음의 발걸음에 있습니다.

좋은 것에 가까이 가십시오.
변화를 맛보게 될 것입니다.
믿음은 눈에 보이는 것을 넘어서
볼 줄 아는 것입니다.

석마우의 아침산책에서

성도의 기도와 하나님의 응답

성도가 하나님께 용기를 달라고 기도하면, 하나님이 성도에게 용기를 주실까요, 아니면 용기를 펼칠 기회를 주실까요? 하나님은 용기를 펼칠 기회를 주신다.

성도가 하나님께 애정을 달라고 기도하면, 하나님이 성도에게 애정을 주실까요, 아니면 애정을 표시할 기회를 주실까요? 애정을 표시할 기회를 주신다.

성도가 하나님께 지식을 달라고 기도하면, 하나님이 성도에게 지식을 주실까요, 아니면 공부할 수 있는 기회를 주실까요? 하나님은 공부할 수 있는 기회를 주신다.

성도가 하나님께 미움을 제거해 달라고 기도하면, 하나님이 성도에게 미움을 제거해 주실까요, 아니면 사랑을 베풀 기회를 주실까요? 하나님은 사랑을 베풀 기회를 주신다.

성도는 하나님이 주신 기회를 활용하여 세상을 바꾸어야 한다. 세상을 바꾸는 방법은 "형편 되는 데로 행하는 한 친절한 행위"(One act of random kindness)로 바꿀 수 있다.

박형용 전언

맥그레이스의 믿음과 행위의 관계

믿음과 행위의 관계에 대해 맥그래이스의 말은 정곡을 찌른다. 그는 "믿음은 선한 행위들을 잉태하고 있다. 다른 말로 표현하면, 믿음의 선물은 그 자체 안에 우리들의 새로운 본성의 씨앗들과 하나님께 순종하고자 하는 우리들의 새로운 열망의 씨앗들을 포함하고 있다. 이는 하나님이 우리들을 위해 행하신 일에 대한 감사의 마음과 믿음의 변혁적인 성격을 통해 우리 안에 이룩하신 변화의 결과로서 생성된 것이다." (Alister E. McGrath, Justification by Faith, Grand Rapids: Academie Books, 1990, p. 31.)라고 말했다.

편저자 번역

마음을 다스리는 명상의 글

1. 사랑은 상대적인 것이 아니라 절대적인 것.
   자녀가 열 명이라고 애정을
   10분의 1씩 나눠주는 부모는 없습니다.
   부모는 모든 자식에게
   100% 이상의 애정을 주는 법입니다.
   사랑은 절대적 입니다.

2. 사랑한 만큼 사랑받고 싶다.
   보답을 기대한다면 그 사랑은 투자에 불과합니다.
   참사랑은 한없이 주고 또 주는 것,
   지고(至高)한 사랑은 자아희생(自我犧牲) 입니다.

3. 사랑의 적(敵)은 마음이 아닙니다.
   사랑의 적은 무관심 입니다.
   이웃의 고뇌를 동정하지 않으면 사람이 아닙니다.
   이 세상 사람으로 무관심은 있을 수 없습니다.

4. 사랑하면 사랑 받습니다 주면 받습니다.
   믿으면 믿음을 받게 됩니다.
   미워하면 미움 받습니다.
   빼앗으면 빼앗깁니다.
   의심하면 의심 받습니다.

5. 스스로를 매우 좋아하는 사람은
   이미 행복의 반을 얻은 것과 같습니다.
   나머지 반은?
   주위에 있는 모든 것을 사랑하면 됩니다.

6. 모든 존재는 아름답고 일어난 일들은 모두 좋습니다.
   사랑은 때로 심한 착각에 근거하기도 합니다.
   무지(無知)한 것만큼 슬픈 일은 없습니다.

7. 가족이 건강하다는 것
   그것만으로 우리는 행복하다고 감사해야 합니다.
   가족 중 한 사람이 아프더라도 그것으로 인해 가족들이
   사랑으로 뭉치게 되었다면 감사해야 합니다.

8. 그 사람이 싫은 이유는
그를 잘 알려고 하지 않기 때문 입니다.
상대방의 사고방식이나 인간성 더 나아가 가족 관계까
지 알게 되면 이 세상에 미워할 사람은 한 사람도 없을
것 입니다.

9. 아름다운 자연에 감동하지 않는 사람은 없습니다.
하지만 아름다움을 창조하신 신의 위대함에 감동을 느
끼는 사람은 얼마나 있을까요?

10. 지혜와 지식의 차이는 그것을
생활 속에서 활용할 수 있는가 못 하는가 입니다.

11. 문젯거리는 늘 다면체(多面體)
이 방향에서 보면 크게 보이고 다른 방향에서 보면
적게 보입니다.
보는 방식에 따라서는 전여 안 보일수도 있습니다.

12. 누구한테서도 배우려고 하지 않는 사람은
어리석은 사람입니다.
보통사람은 학력이나 지위가 높은 사람 부자나 유명한
사람의 말만 듣습니다. 자기보다 어린 사람이나 지위가

낮은 사람에게서도 배우는 사람이 있습니다.
이런 사람이 지혜로운 사람입니다.

13. 사람은 논리에 근거해서만 행동하는 것은 아닙니다.
이해관계나 옳고 그름을 따지지 않고
움직일 때도 있습니다.
그것은 마음이 있기 때문 입니다.
인간이 동물과 근본적으로 다른 것은 마음이 있어서
감동할 수 있다는 점입니다.

14. 사물은 반드시 양면성을 띱니다.
일방적인 견해로 결론을 내려서는 안 됩니다.
무엇이 옳은지는 신(神)만이 아시기 때문입니다.

15. 꿈이란 현실과 아주 동 떨어진 것이 아닙니다.
꿈은 현실세계의 계시 입니다.

꿈으로 부터 배우는 자세가 있으면 인생을 두 배로
줄길 수 있습니다.

류태영의 사랑편지에서 2016년 7월 29일

박윤선과 면장

　박윤선, 방지일, 김진홍은 평양신학교 다닐 때에 절친한 친구였다. 같이 기도하고 함께 공부했다. 평양신학교 졸업식에 박윤선의 모친께서 참석하셨다.

　그 당시는 모친의 이름은 "김씨"로 불렸고 예수는 믿지 않은 상태였다. 졸업식에 참석한 어머니에게, 방지일이 "어머니, 윤선이가 목사가 되게 되었어요"라고 자랑스럽게 말했다. 그러자 박윤선의 어머니가 놀라는 기색으로 "목사!"하고 큰 소리로 반응하시면서 "그만큼 공부하고도 면장하나 못하는 구먼"이라고 대답하셨다.

　박윤선의 모친은 그 후 "진실"(김진실)이라는 이름을 얻었고, 아들이 평양신학교 졸업 후 3개월 만에 예수를 영접했다.

방지일 목사 증언
(2010년 11월 11일 합신 30주년 기념예배의 축사 때에)

인 생 (人 生)

젊어서는 능력이 있어야 살기가 편안하나,
늙어서는 재물이 있어야 살기가 편안하다.

재산이 많을수록 늙는 것은 더욱 억울하고,
인물이 좋을수록 늙는 것은 더욱 억울하다.

재산이 많다 해도 죽어 가져갈 방도는 없고,
인물이 좋다 해도 죽어 가져갈 도리는 없다.

성인군자라도 늙음은 싫어하기 마련이고,
도학군자라도 늙음은 싫어하기 마련이다.

주변에 미인이 앉으면 바보라도 좋아하나,
주변에 노인이 앉으면 군자라도 싫어한다.

아파 보면 달라진 세상인심을 잘 알 수 있고,
늙어 보면 달라진 세상인심을 잘 알 수 있다.

대단한 권력자가 망명 신세가 되기도 하고,
엄청난 재산가가 쪽박신세가 되기도 한다.

육신이 약하면 하찮은 병균마저 달려들고,
입지가 약하면 하찮은 인간마저 덤벼든다.

일이 풀린다면 어중이떠중이 다 모이지만,
일이 꼬인다면 갑돌이 갑순이 다 떠나간다.

잃어버린 세월을 복구하는 것도 소중하나,
다가오는 세월을 관리하는 것도 소중하다.

여생이 짧을수록 남은 시간은 더 소중하고,
여생이 짧을수록 남은 시간은 더 절박하다.

개방적이던 자도 늙으면 폐쇄적이기 쉽고,
진보적이던 자도 늙으면 타산적이기 쉽다.

거창한 무대라도 공연시간은 얼마 안 되고,
훌륭한 무대라도 관람시간은 얼마 안 된다.

자식이 없으면 자식 있는 것을 부러워하나,
자식이 있으면 자식 없는 것을 부러워한다.

대개 자식 없는 노인은 고독하기 마련이나,
대개 자식 있는 노인은 심난하기 마련이다.

못 배우고 못난 자식은 효도하기 십상이나,
잘 배우고 잘난 자식은 불효하기 십상이다.

있는 자가 병들면 자식들 관심이 집중되나,
없는 자가 병들면 자식들 부담이 집중된다.

세월이 촉박한 매미는 새벽부터 울어대고
여생이 촉박한 노인은 새벽부터 심난하다.

계절을 잃은 매미의 울음소리는 처량하고,
젊음을 잃은 노인의 웃음소리는 서글프다.

심신이 피곤하면 휴식 자리부터 찾기 쉽고,
인생이 고단하면 안식 자리부터 찾기 쉽다.

삶에 너무 집착하면 상실감에 빠지기 쉽고,
삶에 너무 골몰하면 허무감에 빠지기 쉽다.

영악한 인간은 중죄를 짓고도 태연하지만,
순박한 인간은 하찮은 일에도 불안해한다.

어느 좋은 글에서

두 머슴들의 이야기

한국 머슴 이야기

평안북도 정주에서
머슴살이를 하던 청년이 있었습니다.
눈에는 총기가 있고,
동작이 빠르고 총명한 청년이었습니다.
아침이면 일찍 일어나 마당을 쓸고,
일을 스스로 찾아서 했습니다.

그는 아침이면 주인의 요강을 깨끗이 씻어서
햇볕에 말려 다시 안방에 들여놓았습니다.
주인은 이 청년을 머슴으로 두기에는
너무 아깝다고 생각하고 그 청년을
평양의 숭실대학에 입학시켜 주었습니다.

공부를 마친 청년은 고향으로 내려와
오산학교 선생님이 되었습니다.
요강을 씻어 숭실대학에 간 그가
민족의 독립운동가 조만식 선생님이십니다.

후에 사람들이 물었습니다.
머슴이 어떻게 대학에 가고
선생님이 되고 독립운동가가 되었냐?
"주인의 요강을 정성들여 씻는 성의를 보여라."
그렇게 대답하셨습니다.
남의 요강을 닦는 겸손과 자기를 낮출 줄 아는 아량
그게 조 만식 선생님을 낳게 했습니다.

미국 머슴 이야기
미국의 남북전쟁이 터지기 몇 해 전의 일입니다.
오하이오 주의 대농 부호인 테일러(Worthy Tailor)씨
농장에 한 거지 소년이 굴러들었습니다.
17살 소년 짐(Jim)이었습니다.

일손이 많이 필요한 이 집에서는
그를 머슴으로 고용했습니다.
그러나 3년 뒤, 자기의 외동딸과 짐이
서로 사랑한다는 것을 알게 된 테일러씨는
몹시 노하여 짐을 빈손으로 때려서 내쫓았습니다.
그 후 35년이 지나 낡은 창고를 헐다가
짐의 보따리를 발견했는데
한 권의 책 속에서 그의 본명을 찾았습니다.

- James A. Garfield -
현직(그 당시) 미국 대통령이었습니다.

그 동안 짐(Jim)은 히람 대학을 수석으로 졸업했고
육군 소장을 거쳐 하원의원에 여덟 번 피선된 후
백악관을 차지했습니다.
두 머슴들의 성실함을 보면 사람이 성실하고
부지런한 것이 얼마나 중요한 가를 알 수 있습니다.

옮겨 온 글
류태영 박사 제공 2014년 12월 18일

하나님과 인터뷰하고 싶은데요.

하나님과 인터뷰하는 꿈을 꾸었다.
하나님께서 물으셨다.
"그래, 나와 인터뷰하고 싶다구?"
"예, 시간(時間)이 허락(許諾)하신다 면요."
하나님은 미소(微笑)지으셨다.
"내 시간(時間)은 영원(永遠)이니라.

뭘 묻고 싶으냐?"
"인간(人間)에게서
가장 놀랍게 여기시는 점(點)은
어떤 것들이 있나?"

하나님께서 대답(對答)하시기를,
"어린 시절(時節)이 지루하다고 안달하며
서둘러 어른이 되려는 것,
그리고 어른이 되면
다시 어린애로 돌아가고 싶어 하는 것."
"돈을 벌기 위(爲)하여

건강(健康)을 해(害)치고 나서는,
잃어버린 건강(健康)을 되찾기 위(爲)하여
번 돈을 다 써 버리는 것."

"미래(未來)에만 집착(執着)하느라
현재(現在)를 잊어버리고
결국(結局), 현재(現在)에도
미래(未來)에도 살지 못하는 것."

"결(決)코 영원(永遠)토록
죽지 않을 것처럼 살다가
마침내는 하루도 못 살아본 존재(存在)처럼
무의미(無意味)하게 죽어가는 것들이란다."

하나님께서 내 손을 꼭 잡으셨다.
그렇게 한 동안 말이 없으셨다.

내가 다시 여쭈었다.
"저희들의 어버이로서
자신(自身)의 자녀(子女)들에게 줄
교훈(敎訓)이 있다면
어떤 것들이 있나요?"

"누군가 억지로 너희를
사랑하게 할 수는 없으니
오직 스스로 사랑 받는 존재(存在)가
되는 수밖에 없다는 사실(事實)을 배워야 하느니라...
남과 자신(自身)을 비교(比較)하는 일은 좋지 못하며,
용서(容恕)를 실천(實踐)함으로써
용서(容恕)하는 법(法)을 배우기를..."

"사랑하는 사람에게 상처(傷處)를 주는 데는
단 몇 초(秒) 밖에 걸리지 않지만,
그 상처(傷處)를 치유(治癒)하는 데는
여러 해가 걸릴 수도 있다는 사실(事實)을..."

"가장 많이 가진 자(者)가 부자(富者)가 아니라,
더 이상(以上) 필요(必要)한 것이
없는 사람이 부자(富者)라는 것을..."

"사람들은 서로를 극진(極盡)히 사랑하면서도,
단지(但只) 아직도 그 사랑을
표현(表現)하는 방법(方法)을
모르고 있을 뿐이라는 사실(事實)을..."

"두 사람이 똑 같은 것을 바라보면서도
그것을 서로 다르게 볼 수도 있다는 사실(事實)을…"

"서로 용서(容恕)하는 것만으로는 부족(不足)하니라.
 너희 스스로를 용서(容恕)해야 한다는 사실(事實)을
 알아야 하느니라."

"시간(時間)을 내주셔서 감사(感謝)합니다.
 그밖에 또 들려주실 말씀이 있으시면 말씀해주세요."
 내가 겸손(謙遜)하게 여쭙자,

하나님은 미소(微笑)를 지으셨다.
그리고 말씀하셨다.

"늘 명심(銘心)하여라.
 내가 여기 있다는 사실(事實)을…
 언제까지나, 언제까지나…
 내가 여기 있다는 사실(事實)을…"

Rome, Georgia 에 거주하는 Grace Oh 제공   2010년 5월 31일

무엇이 성공이요 행복인가?

  예전과 달리 요즈음의 사회는 성공 신드롬(syndrome)에 사로잡혀 움직이고 있다. 사람들은 자신의 부, 자신의 권력, 자신의 영향력을 확보하면 성공했다고 생각하고 그것들을 얻고자 수단방법을 가리지 않는다. 무엇이 성공이고 무엇이 행복인지를 알지 못한 채 하나님이 허락하신 시간의 한계를 다 허비하고 만다. 성공과 행복은 직접 추구해서 얻는 것이 아니요, 하나님의 말씀에 따라 정직하게 살고 성실하게 살 때 부수적으로 따라오는 것이다 (마 5:3-12 참조). 세상뿐만 아니라 교회까지도 이런 세태를 닮아가는 것 같아 안타까운 마음이다. 잘못된 방법으로 성공과 행복을 추구하다보니 한국의 자살률이 다른 나라에 비해 많은 것 아닌가 생각해 본다. 한국보건사회연구원의 보고서는 "한국의 자살률은 2012년 인구 10만 명당 29.1명으로 OECD 회원국 중 가장 높았다. OECD 평균 자살률은 12.1명이다"라고 보고한다. 이런 사회적 현상들이 에머슨의 시 한 수를 생각나게 한다.

편저자 제공

랄프 왈도 에머슨의 지혜로운 말

현명한 이에게서 존경을 받고
아이들에게서 사랑을 받는 것
정직한 비평가의 찬사를 받고
친구의 배반을 참아내는 것

아름다움을 식별할 줄 알며
다른 사람에게서 최선의 것을 발견하는 것

건강한 아이를 낳든
한 뙈기의 정원을 가꾸든
사회 환경을 개선하든
자기가 태어나기 전보다
세상을 조금이라도 살기 좋은 곳으로
만들고 떠나는 것

자신이 한 때 이곳에 살았음으로 해서
단 한 사람의 인생이라도 행복해지는 것

이것이 진정한 성공이다.

한국인과 미국인의 긍정적 사고 비교

암 환자인 미국인들은 병원에 찾아와서 의사와 상담을 할 때 의사가 당신의 암에는 약을 써야 하는데 이 약을 쓰면 1%(100명중 1명)의 사람에게만 효과가 있다고 말하면, 미국 암환자는 너무 기뻐서 벌떡 일어나 의사의 손을 잡고 감사하고 기뻐한다. 그리고 의사가 다시 단지 1%의 사람에게만 효과가 있다고 강조해도 미국인 암 환자는 내가 그 1%에 해당될 수 있다고 기뻐한다.

반면 한국인 암환자가 병원에 찾아와서 의사와 상담할 때 의사가 당신의 암에는 약을 써야 하는데 이 약은 30%(100명 중 30명)의 환자에게만 효과가 있다고 말하면 우선 얼굴빛이 달라지고 "이 병원에 공연히 찾아 왔구만"이라는 태도를 보인다.

죄송한 이야기이지만 여기서 우리는 미국인과 한국인의 삶의 태도를 감지하게 된다. 긍정적이고 적극적인 삶이 부정적이고 소극적인 삶보다 더 질 높은 삶의 태도이다.

편저자 박형용 정리
김의신 박사 제공, 2012년 10월 25일 KBS World(Atlanta)
미국 택사스대 AB 앤더슨 병원 종신교수, 현 미국 캘리포니아 의대 교수

하나님의 자녀 됨의 기쁨

Adoption is a precious word God the Father uses to describe His relationship with His followers.... the children He purchased through the blood of Jesus Christ. It has rich depth that describes our position in Christ and the promises He has lavished upon the Family of God.; (수양 (자녀 됨)은 하나님 아버지가 자신과 그의 추종자들 즉, 그가 예수 그리스도의 피로 산 자녀들과의 관계를 묘사하기 위해 사용하신 귀중한 단어이다. 이 용어는 그리스도 안에서 우리의 위치를 묘사하는 풍요한 깊이와 하나님이 그의 가족에게 아낌없이 주신 약속이다.)

* Our adoption was planned and intentional. (Eph. 1:4); (우리들의 수양 (자녀 됨)은 계획된 것이요 의도된 것이다.)

* Our adoption was costly. (Gal. 4:5); (우리들의 수양은 비싼 값을 치르고 성취되었다.)

* Our adoption changes our perception of everything.

(Rom. 8:15); (우리들의 수양은 모든 것에 대한 관점을 변화 시킨다.)

* Our adoption doesn't make us second-class citizen in the Kingdom of God. (Rom. 8:17); (우리들의 수양은 하나님 나라에서 우리를 2등 시민으로 만들지 않는다.)

* Our adoption is permanent and secure. (John 10:28-30); (우리들의 수양은 영구적이고 안전하다.)

* Our adoption gives us an intimate relationship with Our Heavenly Father. (Gal. 4:6); (우리들의 수양은 우리들이 하늘의 아버지와 긴밀한 관계를 갖도록 만든다.)

* Our adoption gives us a rich inheritance. (1 Pet. 1:3-4); (우리들의 수양은 우리들에게 풍요한 유산을 주신다.)

편저자 전언 및 번역

Pain is inevitable, and misery is optional.
고통은 불가피하지만, 비참은 선택이다.

본문 [고통과 비참의 차이] 중에서

3부

지혜 이야기

음악의 위력

필자는 2004년 7월 4일 영국 런던에 소재한 한빛교회 (당시 강황 목사) 설립 8주년 감사 예배 설교를 위해 런던을 방문했다. 그 때에 교회의 게스트 하우스에 함께 머물렀던 분이 오페라 바리톤 가수로 임준식 집사님이라는 분이 계셨다. 임집사님은 이태리에서 음악을 전공한 훌륭한 음악가였다. 그런데 임준식 집사님이 이태리 피렌체에서 대리석으로 만든 과일 모양의 장식품을 사기위해 피렌체로 여행을 해야 했다. 그래서 임집사님이 영국 런던 공항의 장기 주차장에 주차를 해 두고 이태리 밀라노 공항을 거쳐 피렌체로 가서 필요한 과일 모양의 대리석을 담은 상자를 들고 움직이고 있었다. 그런데 피렌체에서 문제가 발생했다. 무거운 상자를 양손으로 붙들고 움직이고 있는데 네 명의 강도들(남미인으로 추정됨)에게 지갑과 모든 것을 강탈당했다. 다행히 영국까지의 여비는 피렌체에서 친구에게 구할 수 있었다. 문제는 영국 공항의 장기 주차장에서 주차비와 공항에서 집까지의 기름 값을 마련하는 것이었다.

그래서 일단 밀라노 공항까지 가서 공항 대합실(waiting area)에서 영국인들이 옹기종기 모여 있는 곳을 찾았다. 거기서 임준식 집사님은 "내가 노래를 하겠습니다. 이것이 이태리에서 마지막 노래일 것 같습니다"라고 말하고 "날 잊지 마시요"라는 제목의 노래를 부르니 이태리 공항 경찰을 위시해서 많은 사람들이 몰려와서 임집사님의 노래를 감상하고 박수를 쳤다고 했다. 임집사님이 노래를 부른 후에 지갑 강탈 사건을 이야기하고 영국 런던 공항 장기 주차장의 주차비와 기름 값을 적선 받기 원한다고 말하자, 음악을 듣던 많은 사람들이 돈을 준비하기 시작했다. 그런데 그중에 한 분이 50 프랑(약 10만원)을 건네주고 그 옆 사람이 20 프랑을 주셨다. 그래서 임집사님은 다른 사람들도 돈을 주려고 하는데 이것으로 충분하니 더 이상 필요하지 않다고 말하고 안전하게 집으로 돌아 올 수 있었다.

박형용 전언
(본인으로부터 직접 들은 이야기)

고통과 비참의 차이

Pain is inevitable, and misery is optional.
(고통은 불가피하지만, 비참은 선택이다.)

이 말씀은 고통은 외부에서 오기 때문에 어쩔 수 없이 감당해야 하는 것이지만, 비참은 내부에서 발생하는 것이기 때문에 자기가 조정할 수 있다는 뜻이다. 비참을 조정할 수 있는 사람은 행복을 누릴 수 있는 사람이다.

편저자 제공

리더십과 미래

목회자는 사람이 사람을 변화시키지 않고 하나님의 말씀이 사람을 변화시킨다는 사실을 인식해야 한다. 사람이 사람에게 약간의 영향을 줄 수 있을는지는 모르지만, 사람이 타락한 사람을 새로운 생명으로 변화시킬 수는 없다. 이와 같은 일은 오로지 하나님의 말씀으로만 가능하다. 목회자는 하나님의 말씀의 능력을 믿고 미래를 준비해야 한다.

1829년에는 시간당 15 마일의 속도는 깨질 수 없는 초고속이었다. 그런데 80여년이 지난 지금은 34,000 피트 상공에서 시간당 475 마일의 속도로 비행을 한다. 미래는 우리가 생각하는 것 이상으로 빨리 다가오고 있다. 어떤 기관이던지 기관의 사역자들은 자신들의 미래에 영향을 미칠 결단을 요청하고 있다. 이제는 사역자들이 무엇이든지 상사들이 결정한 것을 그대로 수용하려 들지 않는다. 그래서 유능한 리더는 미래를 준비한다. 리로이 에임스(Leroy Eims)는 "리더는 다른 사람이 보는 것보다 더 많이 보는 사람이요, 다른 사람이 보는 것보다 더 멀리 보는 사람이요, 그리고 다른 사람이 보는 것보다 더 먼저 보는 사람이다."(Be the Leader

You were Meant to Be, 1975, p. 55)라고 말했다. 고사드(Bill Gothard)는 "리더십은 우리 주변의 사람들이 할 수 없는 일인 더 멀리 미래에 있을 우리들의 행동의 결과들을 보는 것이다."라고 정의한다.

리더십은 항상 목표와 전략에 노력을 기울여야 한다. 리더들은 "우리들은 다음에 어디로 가야하는가? 그리고 왜 우리들은 거기로 가고 있는가? 등의 질문을 해야 한다. 관리자는 어떻게(how)를 물어야 하지만 리더들은 어디로(where)와 왜(why)를 물어야 한다. 기독교 기관들은 방법론을 신학화하는 것을 정당시 한다. 기관의 오래된 전통은 비판해서는 안 되는 것이다. 그것은 우리가 유산으로 받은 기관을 하나님의 인도로 만들어 낸 영적인 조상들의 작품이기 때문이다. 이런 태도는 미래 지향적인 리더의 모습이 아니다.

미래는 속히 오고 있다. 보비(Christian Nestell Bovee)는 "모든 것을 상실했을 때에도 미래는 아직 남아 있다."라고 말했다. 성경은 미래에 대해 많은 언급을 한다. 성경은 신적인 예언의 형태로 미래를 말한다. 다니엘서, 이사야서와 많은 소선지서, 그리고 신약의 계시록 등은 미래가 어떻게 전개될 것인지를 말하고 있다. 미래에 대한 많은 책이 있지만 그것들은 믿을 수가 없다. 하지만 성경은 확실한 미래를 말해 준다. 전도서는 "사람이 장래 일을 알지 못하나니 장래 일을 가르칠 자가 누구이랴”(전 8:7)라고 인간의 한계를 말한다. 예레미야 선지자는 “나 여호와가 말하노라 너희를 향한 나의 생각은 내가 아나니 재앙이 아니라 곧 평안이요 너희 장래에 소망을 주려 하는 생각이라”(렘 29:11)고 하나님이 우리의 미래를 주관하고 계심을 분명히 밝힌다.

크리스챤 리더들은 하나님이 세상과 미래를 주관하고 계심을 확실히 믿고 미래에 초점을 맞추어야 한다. 리더들의 최고의 사명이 그리스도의 오심의 소식을 땅 끝까지 전파하는 것이다. 모든 민족이 복음을 들으면(마 24:14) 그리스도께서 이 세상에 그의 약속된 영화로운 미래를 가져오실 것이다.

편저자

김영삼 대통령의 어록

　김영삼 대통령(1927-2015)은 대한예수교장로회 충현교회에서 장로로 임직 받은 장로 대통령이시다. 그가 대통령으로 당선되었을 때에 한국교회는 기대를 많이 했다. 하지만 그가 대통령으로 재임하는 기간 "장로 대통령"이라는 기대에는 만족감을 주지 못했다. 하지만 그가 대통령으로 재임하는 기간 신학교 체계의 오랜 숙원이었던 "대학원대학교" 제도를 허락한 것이다. 4년제 학사 과정 없는 대학원으로 석사학위와 박사학위를 수여할 수 있는 제도를 말한다.

　김영삼 대통령은 파란 만장한 역사의 질곡 가운데서 대통령까지 하신 정치인이시다. 그의 정치 일정 가운데서 남긴 말은 아직도 우리 귀에 쟁쟁하다

　1979년 10월 4일 한국 헌정 사상 첫 의원직 제명을 당하고, "닭의 모가지를 비틀어도 새벽은 온다."라고 그 당시 정권을 향해 일갈했다.

YS (영삼의 약)의 좌우명은 "대도무문(大道無門)"이다. 그 뜻은 "모든 일에 정당하면 거리낄 게 없다"는 것이다.

김대중 대통령과 김영삼 대통령은 애증관계를 가진 사이 이다. 그런데 두 분은 서로를 향해 이렇게 말했다.

김대중 –"김영삼은 어려운 일을 너무 쉽게 말해"
김영삼 –"김대중은 쉬운 일을 괜히 어렵게 말해"

편저자 제공

알라스카 (Alaska) 매입

알라스카 주는 원래 소련(현 러시아) 영토였다. 그런데 1799부터 1867년까지 러시아-아메리카 회사(Russian-American Company)에 의해 운영되어 왔다. 링컨 (Lincoln) 대통령이 1861년 3월에 미국 대통령에 취임하고, 시워드 (William H. Seward, 1801-1872)가 국무장관(1861-1869)에 임명되었다. 시워드 국무장관은 알라스카를 미국에 팔도록 러시아와 협상하였다. 결국 미국은 1867년 $7,200,000(칠백이십만 불)에 현재 알라스카를 매입하였다. 그 당시 이 거래를 가리켜 "Seward's Folly"(시워드의 어리석음, 혹은 시워드의 잘못)라고 불렀다. 그러나 현재 알라스카는 텍사스 다음으로 원유(crude oil)를 미국에서 제일 많이 생산하는 주이다. 그리고 현 알라스카 주가 러시아의 영토라면 미국에 얼마나 정치적으로 군사적으로 위협이 되겠는가를 생각하면 "Seward's Folly"(시워드의 어리석음)가 아니라 "Seward's Wisdom"(시워드의 지혜)으로 불러야 한다.

편저자 박형용 전언

루이지아나 (Louisiana) 매입

　미국의 남부에 루이지아나 (Louisiana) 주가 있다. 루이지아나 주는 원래 프랑스에 속한 땅이었다. 루이지아나 주 매입 경위를 보면 배울 점이 많다. 루이지아나 주는 1803년 4월 30일 프랑스(France)로부터 전체 $27,267,632 ($11,250,000 직불 + $3,750,000 시민들의 권리 +이자)를 지불하고 매입하였다. 한 에이커(acre) 당 3센트에 해당하는 거래였다. 전체 에이커는 2,144,520k^2 였다. 그 당시 프랑스는 나폴레옹 (Napoleon Bonaparte)이 다스리고 있었다. 이런 거래가 미국이 큰 나라요 정치인들이 자기 나라의 장래를 생각하는 큰 결단을 하는 나라임을 입증하는 예이다. 미래 세대를 내다보는 지혜가 여기에 있다. 천하의 나폴레옹도 돈이 궁 하자 멀리 내다보지 못한 것 같다.

편저자 박형용 전언

평판 좋은 목사와
평판 나쁜 목사의 차이

평판(reputation)은 시간 속에서 이루어진다. 교회의 평판이 좋을 경우, 목사가 설교를 죽 쓰면 "평판 좋은 교회의 목사도 이렇게 죽을 쓸 수도 있구나" 라고 말한다. 그러나 평판 나쁜 교회의 목사가 설교를 잘하면 "사기꾼이 말은 잘하는 구나"라고 생각한다.

홍정길 목사 2004년 8월 26일 (목) 합신 심령수련회에서

합동신학대학원과 스승의 날

2015년 5월 14일 합동신학대학원 은퇴 교수와 전체 교수, 합신 동문회 임원들 그리고 전교생이 스승의 날 행사를 함께 가졌다. 먼저 함께 예배를 드리고 점심을 함께하는 뜻 깊은 시간을 가졌다. 1980년 합동신학대학원이 설립된 이래 스승과 제자의 관계가 합동신학대학원에서는 아름답게 유지되고 있다고 감히 말할 수 있다. 요즈음 교권이 무너진 한국의 상황을 볼 때 더 없이 귀한 모습이다. 합신의 과거와 현재 그리고 미래를 생각하면서 이런 생각이 떠올랐다.

"현재의 성실성은 과거의 유용한 역사를 창조하며 미래의 영광은 현재의 성실성 안에 잉태되어 있다" (The present faithfulness creates the past useful history and the future glory is conceived in the present faithfulness.).

바라기는 합동신학대학원이 앞으로 계속해서 아름다운 스승과 제자의 관계를 유지하는 전통을 이어나가고 한국교회를 책임지는 역할을 감당했으면 좋겠다.

박형용 제공

가까이 할 사람 멀리 할 사람

가장 무서운 사람은?
나의 단점을 알고 있는 사람이고,

가장 경계해야 할 사람은?
두 마음을 품고 있는 사람이며,

가장 간사한 사람은?
타인을 필요할 때만 이용해 먹는 사람이다.

가장 나쁜 친구는?
잘못한 일에도 꾸짖지 않는 사람이고,

가장 해로운 사람은?
무조건 칭찬만 해주는 사람이며,

가장 어리석은 사람은?
잘못을 되풀이 하는 사람입니다.

가장 나약한 사람은?
약자 위에 군림하고 있는 사람이고,

가장 불쌍한 사람은?
만족을 모르고 욕심만 부리는 사람이며,

가장 불행한 사람은?
불행한 것이 무엇인지 모르는 사람입니다.

가장 불안한 사람은?
마음의 안정을 찾지 못하는 사람이고,

가장 가난한 사람은?
많이 가지고도 만족하지 못하는 사람이며,

가장 게으른 사람은
일을 뒤로 미루는 사람입니다.

가장 가치 없는 삶을 사는 사람은?
먹기 위해 사는 사람이고,

가장 우둔한 사람은?
더 이상 배울 것이 없다고 자만하는 사람이며,

가장 큰 망언 자는?
부모님께 불효하는 사람이다.

가장 어리석은 정치가는?
물러날 때를 모르는 사람이고,

가장 무서운 병을 앓고 있는 사람은?
정신병을 앓고 있는 사람이며,

가장 파렴치한 사기꾼은 ?
아는 사람을 사기 치는 사람이다.

가장 추잡한 사람은?
양심을 팔아먹은 사람이고,

가장 큰 배신자는?
마음을 훔치는 사람이며,

가장 나쁜 사람은?
나쁜 일인 줄 알면서 나쁜 일을 하는 사람이다.

Sources unknown

고등학생과 대학생에게 주는
"삶의 지혜 목록"

고등학교를 졸업하고 대학에 가든지 대학을 졸업하고 사회의 일원이 되든지 전환기에 처한 사람에게 필요한 삶의 목록이 있다. 여기 평범하지만 귀중한 삶의 지혜를 함께 나눈다.

당신 자신에게 항상 진실하도록 하라. 너라는 존재는 하나밖에 없다. 하나님이 너를 값을 매길 수 없는 작품으로 부르시고, 하늘로부터 온 한 시처럼 부르셨다. 그러니 다른 사람이 되려고 하지 말라. 그렇게 하는 것은 하나님이 계획한 것에 항상 못 미치는 것이기 때문이다. (Stay true to yourself. There is only one of you. God calls you a priceless work of art, a poem from the heavens. So don't try to become something else. It will always be less than what He has planned.)

열심히 일하라. 네가 최선을 다하지 않고 자르는 모든 부분과 모서리 그리고 네가 최선을 다하지 않은 모든 과정은 너의 앞으로의 삶의 어떤 부분에 영향을 미칠 것이다. (Work hard. Every class or corner you cut, every course you give less than your best, will have an impact somewhere down the road.)

열심히 놀아라. 고등학교와 대학교 시절만큼 네 자신에게 집중할 수 있도록 해주고 격려해 주는 시간은 너의 인생의 다른 때에는 없다. (Play hard. There is no other time in life that allows you, even encourages you, to focus on yourself quite like high school and college.)

열심히 기도하라. 성령은 너를 인도하실 것이다. 그러나 성령은 네가 듣지 아니하면 너를 도울 수 없고, 네가 구하면 반드시 응답하실 것이다. 그러니 모든 일을 위해 기도하라. (Pray hard. The Holy Spirit will guide you, but He can't help if you don't listen, and He's sure to intercede if you ask. So pray in all things.)

새로운 친구를 사귀라. 그들은 너에게 큰 영향을 미칠 것이기 때문에 지혜롭게 선택하도록 하여라. 잠언 13:20은 "지혜로운 자와 동행하면 지혜를 얻고 미련한 자와 사귀면 해를 받느니라"고 우리에게 상기시켜 준다. (Make new friends. And choose wisely — they'll have a big impact on you. Proverbs 13 reminds us that we "become wise by walking with the wise; hang out with fools and watch your life fall to pieces.")

좋은 소식을 나누라. 하나님은 네가 너의 친구들에게 큰 영향을 미칠 것을 원하신다. 바울이 말한 것처럼 너는 그리스도의 대사이다. 이 특별한 신분을 함부로 쓰지 말라. 너의 말과 행동이 너의 구세주를 반영하고 있음을 잊지 말라. (Share the Good News. God wants you to have a big impact on your friends. As Paul puts it, you are Christ's ambassador. Don't squander this special status. And don't forget that your words and deeds reflect on your Savior.)

예배드릴 교회를 찾으라. 예수님과 사도들의 본을 따르라. 예수님은 육신을 입으신 말씀이시고, 우리들의 위대한 대 제사장이시오, 살아계신 성전이시다. 그럼에도 불구하고 성경은 예수님과 그의 추종자들이 예배드림으로 안식일을 성실하게 지켰다고 말한다. 예수님은 어떤 부류의 사람이나 어떤 일보다도 너를 더 많이 도전하실 것이다. 그러나 만약 네가 그의 말씀을 들을 수 있는 거리 안에 있지 아니하면, 너에게 도전하실 수가 없다. (Find a place to worship. Remember the example of Jesus and the Apostles. Jesus is the Word Made Flesh, our Great High Priest, the Living Temple, and yet the Bible tells us that He and His followers faithfully celebrated the Sabbath by worshipping. Jesus will challenge you more than any class or any job. But He can't do it if you're not within earshot of His word.)

성경을 지니고 다니며 읽도록 하라. 성경보다 인생을 위해 더 좋은 문학작품이나 시나 참고 서적이나 안내서나 방법을 알려주는 책이나 도로지도는 없다. (Take your Bible, and read it. There's no finer piece of literature, work of poetry, reference book, guidebook, how-to book, or road map for life.)

집을 방문하라. 너의 집은 네가 떠나온 동네 이상이며 너의 주소 이상이다. 너의 집은 사람들이 너를 가장 잘 알고 너를 가장 많이 사랑하는 장소이다. (Call home. It's more than the town you came from and more than your address. It's the place where people know you best and love you most.)

할아버지 할머니에게 편지를 쓰라. 만약 네가 아직도 생존해 계신 할아버지 할머니를 모실만큼 복을 받았다면 할아버지 할머니에게 옛날 방식으로 편지를 쓰도록 하라. 그들은 너에게 내색은 하지 않겠지만 너의 편지는 그들의 매일의 날과 매 주와 매년을 기쁘게 할 것이다. (Write your grandparents. If you're blessed to still have grandparents, write them an old-fashioned letter. They may never tell you, but a note from you will make their day, their week, their year.)

하나님과 씨름하는 것을 두려워하지 말라. 하나님은 너의 문제점들과 걱정을 이미 알고 계신다. 하나님은 그냥 너의 심중으로부터 제기되는 그런 문제들을 듣기를 원하신다. 하나님은 그의 자녀들이 자신들의 한계를 알고 "주여, 내가 믿습니다. 나를 도우셔서 나의 불신을 극복하게 하옵소서"라고 인정하는 것을 좋아 하신다. (Don't be afraid to struggle with God. He already knows your questions and worries. He just wants to hear them from your heart. He loves it when His children come to the end of themselves and admit, "Lord, I believe. Help me overcome my unbelief!")

네 양심을 깨끗하게 하라. 너의 양심은 너의 생애의 샘이며 너의 구세주의 거하실 장소이다. (Guard your heart. It is the wellspring of your life and the dwelling place of your Savior.)

미래를 생각하며 살라. 오늘의 결정과 우유부단함, 그리고 오늘의 행동과 나태는 너의 내일에 영향을 미칠 것이다. (Think about the future. Today's decisions and indecision, actions and inaction, will affect your tomorrow.)

Alan Dowd 가 쓴 것을 편저자가 번역한 것임

명품녀와 우리의 마음

2010년 어느 케이블 T.V.에서 방영한 "명품녀" 때문에 사회가 시끄럽다. 그 "명품녀"는 몸치장을 위해 사용한 것을 금액으로 환산하면 4억 원 이상이라고 한다. 사람은 누구나 속이 비어 있으면 채우려는 속성이 있다. 아마 그 명품녀도 속을 채우고 자신을 드러내기 위해 보통사람은 도저히 생각할 수 없는 비용을 드려 몸치장을 했는지 모른다. 그런데 우리가 그 명품녀를 탓하기 전에 우리 스스로도 명품녀가 생각하는 그런 생각을 하면서 살고 있는지 모른다는 사실을 기억해야 한다. 우리는 하나님의 말씀의 실력은 채우지 않으면서 이런 저런 방법으로 교회를 부흥시키고 발전시키기 위해 동분서주하는지 모른다. 실력이 없으면 위선하게 된다.

편저자 박형용 전언

남사 화장실 (男士 化粧室)
(중국인의 지혜: 배려하는 마음)

2017년 초에 강의 차 청도를 방문한 적이 있다. 2017년 1월 10일(화) 김희명 집사와 함께 청도에서 청양으로 움직여 한 식당에서 점심을 같이 했다. 점심을 마친 후 김희명 집사가 커피 한잔하시겠느냐고 물어서 좋다고 했다. 안내된 커피 점은 좀 특이했다. 상점의 이름은 "나무 커피"(Na Mu Coffee)였다. 커피 점의 벽면은 책장처럼 꾸몄고 여느 커피 점에서 볼 수 없는 여러 가지 화분이 정돈되어 있었다. 커피를 거의 마시고 화장실 생각이 나서 2층에 있는 화장실을 방문했다. 그런데 거기서 나의 마음을 기쁘게 하는 장면이 전개되었다. 그것은 화장실의 표시가 "男士 化粧室"(남사 화장실)로 되어 있었기 때문이다. 그래서 남자 화장실만 그렇게 부르는가 싶어 내가 여자 화장실에 가 보았다. 물론 들어가지는 않았다. 그런데 거기에도 "女士 化粧室"(여사 화장실)로 되어 있었다. 이게 무슨 의미인가? 男士 化粧室은 "남자 선비 화장실"(Man's scholar toilet)이요, 女士 化粧室은 "여자 선비 화장실"(Woman's scholar toilet)이 아닌가? 화장실의 명칭이 화장실을 찾는 모든 사람들에게 따뜻한 마음을 갖게 하는 배려의 실천인 것 같아 마음이 기뻤다.

남사 화장실(男士 化粧室)에 들어가서 학자(學者)답게 서서 일을 보는데 눈앞에 다가 온 한 영어 표현을 보고 다시 한 번 감명을 받았다. 눈앞에 보이는 표현은 "Don't be shy come closer."였다. 물론 영어 표현에 약간의 문제는 있다. "Don't be shy. Come closer."나 "Don't be shy about coming closer." 였으면 더 좋을 뻔했다. 무슨 뜻인가? 그 뜻은 "부끄러워 마시고 가까이 오세요"이다. 우리는 흔히 그런 장소에서 "한 발짝 다가 서 주세요."와 같은 표현을 발견하곤 한다. 그런데 "한 발짝 다가 서 주세요" 보다는 "부끄러워 마시고 가까이 오세요"가 훨씬 마음을 기쁘게 하지 않는가. 일을 마치고 김희명 집사에게 "男士 化粧室"이야기를 했더니 중국은 어디에서나 "남자 화장실"로 쓰지 않고 "남사 화장실," "여사 화장실"로 쓴다고 전해 주었다.

별것 아닌 것 같은 경험이지만 작은 공간에서 다른 사람의 마음을 배려하고 따스하게 하는 중국인들의 지혜와 배려하는 마음을 읽을 수 있었다.

2017년 1월 10일
청도 예촌교회(김설봉 목사)의 김희명 집사와 함께 편저자 제공

100 퍼센트 성공하는 사람

성공하는 사람은 대개 어떤 사람입니까?

"I won't.(나는 하지 않을 것입니다)"라고 말하는 사람은
성공할 확률이 0퍼센트입니다.

"I can't.(나는 할 수 없습니다)"라고 말하는 사람은 10퍼센
트입니다.

"I don't know how.(어떻게 해야 할지 모르겠습니다)"라고
말하는 사람은 20퍼센트입니다.

"I think I might.(내가 혹시 할 수 있을지도 모르겠습니다)"
라고 말하는 사람은 성공할 확률이 50퍼센트입니다.

"I think I can.(나는 할 수 있다고 생각합니다)"라고 말하
는 사람은 70퍼센트 정도 됩니다.

"I can.(나는 할 수 있습니다)"라고 말하는 사람은 90퍼센트입니다.

그리고 "I can do by the help of God.(하나님이 도와주시면 나는 할 수 있습니다)"라고 말하는 사람은 100퍼센트 성공할 수 있습니다.

심리연구학회 제공

조삼모사와 원숭이의 지혜

　조삼모사(朝三暮四)는 아침에 셋 저녁에 넷이라는 뜻이다. 이 사자성어는 장자(莊子)의 우화로 어떤 원숭이 기르는 사람이 원숭이의 숫자가 많아지자 원숭이들에게 상수리를 주되 아침에 세 개 저녁에 네 게씩을 주겠다고 하자 원숭이들이 화를 내므로, 말을 바꾸어 아침에 네 개 저녁에 세 개씩을 준다고 하니 좋아했다는 이야기이다. 동아새국어사전의 정의는 "눈앞에 보이는 차이만 알고 결과가 같은 것을 모르는 것을 비유하여 이르는 말" 그리고 "간사한 꾀로 남을 속이고 농락하는 것을 비유하여 이르는 말"이라고 설명 한다(동아새국어사전, 동아출판, 1997, p. 1973). 조삼모사는 원숭이의 어리석음을 지적하는 말이다. 그런데 따지고 보면 이는 원숭이의 현명함을 시사해 주기도 한다. 왜냐하면 아침에 넷을 제공받은 원숭이는 하나를 절약했다가 혹시라도 주인이 늦게 집에 돌아오면 허기를 채울 수 있기 때문이다.

한국밀알선교단 단장 제공, 밀알보, 2010년 2월호, 통권 360호, p. 4
이민우

트루만 대통령과 말 잘하는 사람

해리 트루만(Harry Truman) 대통령이 군 개혁에 관한 일로 공군 참모총장을 백악관으로 불렀다. 회의할 때 말하는 사람은 트루만 대통령이었고 공군참모총장은 듣기만 하면서 그저 반응만 보였다. 회의가 끝나 공군참모총장이 방을 나가자 트루만 대통령이 배석했던 비서에게 공군참모총장은 대단히 말을 잘하는 사람이라고 평했다. 그러자 비서가 "대통령 각하, 공군참모총장은 듣기만 하고 말은 전혀 하지 않았는데 어떻게 말을 잘한다고 말씀하십니까?"라고 질문했다. 그 때 트루만 대통령이 듣기를 잘하는 사람은 말을 잘하는 사람이라고 대답했다.(Good listener is a good speaker.) 트루만 대통령은 지도자를 가리켜 "사람들로 하여금 하고 싶지 않은 일을 하게하고 그 일을 좋아하도록(!) 만들 수 있는 사람"(챨스 스윈돌, 함께 일하는 지도자, 생명의 말씀사, p.8)이라고 정의했다. 많은 사람을 지도하는 리더는 사람 지향적인 생각을 한다.

편저자 정리

유대인들이 자녀를 가르칠 때 쓰는 지혜

'아 (Ah)!'와 '아하(Aha)!'와 '하하(Haha)!'를
사용한다고 합니다.

'아!'는 자녀들이 놀라운 것을 보고
'아!'하고 감탄하도록 하는 것입니다.
'아하!'는 자녀들이 새로운 것을 배우면서
'아하!'하고 깨닫도록 하는 것입니다.
'하하!'는 자녀들이 재미있는 것을 체험하면서
'하하!'하고 웃게 하는 것입니다.

자녀들이 가정에서
하나님의 놀라운 창조 솜씨를 보고
'아!'하고 감탄하고,
하나님의 만물 통치의 원리(이것이 학문)를
새롭게 배우면서
'아하!'하고 깨닫고,

하나님께서 하나님의 세계를
즐기게 하심에 따라
'하하!'하면서 즐겁게 살도록
가르쳐야 합니다.

좋은 글 중에서
대구 동신 교회 제공

욕망과 시험 (Lust and Temptation)

첫째, 모든 죄처럼 욕망은 우리들의 하나님과의 관계를 파괴한다. 욕망이 생기면 우리는 하나님을 피하게 된다, 우리는 생명의 근원으로부터 우리자신을 단절한다, 그리고 우리는 아담과 하와가 처음에 경험했던 그 고통스런 치욕을 다시 살게 된다.

욕망은 어떤 이에게는 예배를 한낮 몸짓 놀이에 지나지 않게 만들고, 다른 이에게는 예배 전체를 포기하게 만든다. 두 경우 모두 결과는 대적의 완전 승리로 남는다. 대적은 우리를 죄로 끌어 들이는 승리를 한 것뿐만 아니라, 우리를 아버지로부터 떨어지도록 확신시키는데 승리를 한 것이다.

둘째, 욕망은 우리의 비전을 왜곡시키고 하나님의 형상으로 창조된 유일한 걸작품을 있는 그대로 보기 보다는 사물로 보도록 만든다.

결과는 요셉과 다말이 겪은 평생의 흉터를 경험하고, 보디발 부부처럼 비정상적인 결혼생활을 경험하고, 헤롯처럼 악독한 이기주의의 반복을 경험하고, 그리고 살로메처럼 몸을 욕정의 도구로 생각한다.

셋째, 욕망은 우리의 증거 역할을 심각하게 약화시킨다. 힘든 상황 속에서도 전도 대 명령과 증거를 하면서 살기를 원하는 사람들에게 대적은 그들이 하는 일이 속임수라고 상기시킨다. 다른 사람들은 다윗처럼 욕망의 죄와 위선의 죄를 가중하지 않기 위해 조용하게 남아있다.

넷째, 욕망은 성령의 전을 더럽힌다. 우리들의 몸은 성령의 전이다. 우리가 예수님을 우리들의 구주로 영접할 때, 우리는 성령을 우리 안에 내주하시도록 초대한다. 그 순간 성령은 우리의 마음을 새롭게 하시기 시작하고 우리를 안 밖으로 깨끗하게 하신다. 그러나 우리 안에 죄의 잔재가 남아 있다.

바울이 쓴 빌립보서에서 바울 사도는 땅의 일을 생각하는 자들에 대해 경고할 때, "그들의 신(神)은 배요" 라고 말한 뜻은 바울 사도가 단순히 폭식에 대해 말하는 것이 아니요, 바울은 은유적으로 육체에 의해 조종 받는 모든 것을 이야기하고 있다(빌 3:19). 그러나 좋은 소식은 성령이 결코 우리들을 포기하시지 않는다는 사실이다. 그것은 마치 우리가 구원받을 때 시작하신 집안 청소를 평생 동안 계속하실 것이기 때문이다.

(First, lust—like all sin—fractures our fellowship with God. When lust takes hold, we avoid God, we cut ourselves off from the source of life, we relive that painful shame that Adam and Eve experienced first.

It may turn worship into an empty charade for some, while it may force others to avoid worship altogether. Either way, the result is a win-win situation for the enemy: Not only does he claim victory by drawing us into sin, he adds to his victory by convincing us to stay away from the Father.

Second, lust distorts our vision and leads us to see people as objects instead of what they are—unique masterpieces created in God's image. The result: lifelong scars on the Josephs and Tamars of the world, crippled marriages as the Potiphars of the world, obsess over their supposed inadequacies, vicious cycles of selfishness and shallowness as the Herods of the world, and teach the Salomes that their worth is determined by their bodies.

Third, lust badly weakens our witness. For those who try to live the Great Commission and witness in spite of their struggle, the enemy reminds them they're frauds. Others, like David, remain silent, hoping not to compound the sin of lust with the sin of hypocrisy.

Finally, lust tarnishes the temple. Our bodies are temples of the Holy Spirit. When we accept Christ as our Savior, we invite the Holy Spirit to take up residence inside us. At that moment the Spirit begins to renew our minds and to clean us up from the inside out. Yet the residue of sin remains.

In Paul's letter to Philippi, where he warned about those whose minds are on "earthly things," whose "god is their stomach," he wasn't only talking about gluttons; he was also talking metaphorically about all who are governed by the flesh. However, the Spirit never gives up on us, which is good news, since it looks like the housecleaning He began when we were saved will take a lifetime.)

박형용 번역

나이의 의미 (Meaning of the Age)

Man who has 50 years of wisdom and experience in his life cannot have the wisdom and experience of 70 years of man. Man who has 20 years of wisdom cannot fathom the wisdom and experience of 60 years of man. However, man who has 70 years of wisdom and life's experience may know the life of 30 years, 40 years, and 60 years. Therefore man's aging is a process to get wisdom and life's experience.

(50년 동안 살면서 지혜와 경험을 축적한 사람은 70세를 사신 분의 지혜와 경험을 가질 수 없다. 20년 동안 지혜와 경험을 쌓은 사람은 60세 되는 사람의 지혜와 경험을 이해할 수가 없다. 그러나 70년 동안 지혜와 경험을 쌓은 사람은 30년, 40년, 60년 동안의 삶을 알 수 있다. 그러므로 사람이 나이가 드는 것은 사람의 지혜와 경험을 축적하는 하나의 과정인 것이다.)

박형용 번역

인생에서 처음이자 마지막인 오늘

"매일을 마치 그것이 네 최초의 날인
동시에 네 최후의 날인 것 같이 살아라."

이 말은 참으로 힘찬 말입니다. 이렇게 말하기는
쉽지만 이렇게 살기는 참으로 어렵습니다.

매일 매일을 내 생의 최초의 날인 동시에 최후의
날처럼 산다는 것은 자기의 인생을 최고도의 성실과
정열과 감격을 가지고 살아가는 것입니다.

그것은 한없이 진지한 인생의 자세입니다.
오늘이 나의 인생의 최초의 날이라고 생각해 봅시다.

우리는 큰 희망과 많은 기대와 진지한 계획과 더할
수 없는 충실감 속에서 하루의 생활을 시작할 것 입니다.

모든 것이 새롭고 모든 것이 중요한 의미를
가질 것입니다. 우리는 실수하지 않으려고
조심할 것이요 잘해 보려고 애쓸 것입니다.

오늘이 나의 인생의 최후의 날이라고 생각합시다.
우리는 빈틈없는 마음과 절실한 감정과 최선의
노력을 다해서 나의 하루를 살 것입니다.

우리는 인생의 열애 자가 될 것입니다.
모든 일에서 깊은 의미를 찾고 일 분 일 초를
헛되이 낭비하지 않을 것입니다

많은 사람들은 자기의 인생이 마치 영원히
계속할 것 같은 마음을 가지고 살아갑니다.
오늘은 다시 오지 않습니다. 오늘은 내 인생에서
처음이자 동시에 마지막인 날입니다.

절대로 두 번 있을 수 없는 오늘입니다.
내일은 내일이지 결코 오늘이 아닙니다.
내 인생의 최초의 날이자 최후의 날인 것처럼
성실과 정열을 다해서 살아야 합니다.

세월은 사람을 기다리지 않습니다.
내 인생 남이 살아 줄 수는 없습니다.

좋은 글 중에서 옮김

나이에 대한 긍정적 사고

1세-25세 준비기
26세-50세 청년기
51세-75세 중년기
76세부터 노년기

9988 234 뜻은 99세까지 팔팔하게 살면서 23세처럼
4랑 하자.

용어의 뜻으로 본 결혼 생활

배우자의 뜻– 우리 평생 배우자.

남편과 아내가 헌신만하면 헌신도 좋지만 나중에는 헌신 짝처럼 된다. 각자 매력을 유지해야 한다.

결혼은 미친 짓이다. 결혼은 서로 이해하여 일정 수준에 미친 짓이다.

Sources unknown

기억하면 좋은 인용문

"모든 용감한 미국인들이여, 손에 손을 잡자. 연합하면 승리하고 나누어지면 실패한다."

"Then join hand in hand, brave Americans all! By uniting we stand, by dividing we fall."

– The Liberty Song (1768)에서 John Dickinson(1732–1808)

"훈련은 육군의 영혼이다. 훈련은 적은 숫자를 강력하게 만들고, 약한 자들에게 성공을 획득하게 하며, 모든 사람에게 존경을 얻게 한다."

"Discipline is the soul of an army. It makes small numbers formidable, procures success to the weak, and esteem to all."

– Letter of Instructions to the Captains of the Virginia Regiments (July 29, 1759)에서 George Washington

“모든 날 중에 가장 많이 낭비한 날은 그 날에 우리가 웃지
않은 날이다.”

"The most wasted day of all is that on which we have not
laughed."

- Maxims and Thoughts 에서 Sebastien Roch Nicolas Chamfort
(1741-1794)

“당신은 나에게 불가능하다고 씁니다; 그 용어는 프랑스어
가 아닙니다.”

"You write to me that it's impossible; the word is not
French."

- Letter to General Lemarois (July 9, 1813)에서
Napoleon Bonaparte (1769-1821)

“현대 문명의 세 가지 위대한 요소는 화약과 인쇄술과 개
신교회이다.”

"The three great elements of modern civilization are
gunpowder, printing, and the Protestant religion."

- The State of German Literature (1827) Thomas Carlyle (1795-1881)

"중단된 노동보다 더 위험한 것은 없다. 그것은 습관을 잃는 것이다. 습관은 쉽게 버리고 다시 시작하기는 어렵다."

"Nothing is more dangerous than discontinued labor; it is habit lost. A habit easy to abandon, difficult to resume."

- Victor Hugo (1802-1885)

"내가 노예가 되기를 원하지 않은 것처럼, 나는 주인도 되기를 원하지 않는다. 이것이 민주주의에 대한 나의 견해를 표현한 것이다. 이것으로부터 다른 것은 무엇이거나 그 다른 정도만큼 민주주의가 아니다."

"As I would not be a slave, so I would not be a master. This expresses my idea of democracy. Whatever differs from this, to the extent of the difference, is no democracy."

- Fragment (August 1 1858?) From Roy P. Basler, The Collected Works of Abraham Lincoln, 1953, Vol. II, p. 532. Abraham Lincoln(1809-1865)

"나는 핵폭탄을 사용한 전쟁으로 문명이 말살될 것이라고 믿지 않는다. 아마 지상에 존재하는 사람들의 3분의 2정도가 살상을 당할 것이다. 그러나 생각을 할 수 있는 충분한 사람들과 충분한 책들이 다시 시작할 수 있도록 남겨질 것이다. 그리고 문명은 회복되어질 것이다."

"I do not believe that civilization will be wiped out in a war fought with the atomic bomb. Perhaps two thirds of the people of the earth might be killed, but enough men capable of thinking, and enough books, would be left to start again, and civilization would be restored."

– Einstein on the Atomic Bomb. From the Atlantic Monthly
(November 1945)

Albert Einstein (1879-1955)
전체내용 박형용 번역

경계해야 할 사람

미연방수사국 (FBI)에서 25년간 프로파일러로 사역했던 조 내버로가 그의 경험을 근거로 분석한 지능범죄자의 성향의 내용이다. 내버로는 사건이 발생하기 전에 예측 가능한 인격적 특성이나 행동의 실마리가 존재한다고 믿게 되었다. 내버로는 위험한 인물의 유형을 다음 네 가지로 분류한다.

첫째, 자기는 높이면서 다른 사람은 짓눌러버리는 나르시시스트(narcissist) 유형 (예: 이단적인 종교 집단의 지도자).

둘째, 감정적으로 불안정하여 감정의 롤러코스터를 타고 사는 불안정한 유형

셋째, 근거 없는 불신과 공포에 싸여 있는 편집증 유형

넷째, 남을 착취하는데 만 전념하고 몰두하는 포식자 유형

조 내버로/토니 포인터, 위험한 사람들 (리더스북, 2014)에서
편저자 정리

미국 내 한인교회

2012년 10월 말 통계

미국 내 한인교회의 수
4,275 교회 (2011년에 비해 264 교회가 증가)

장로교 1,685개 (48%)

침례교 713개 (19%)

감리교 515개 (13%)

하나님의 성회(순복음) 292개 (8%)

나사렛 성결교 83개 (5%)

기억하고 싶은 말

고 박윤선 목사님이 합동신학대학원 9회로 졸업한 학생들에게 처음으로 주신 말씀이 딤후 2:15이었다. 그래서 9회를 가리켜 "딤후 2:15반"이라 불렀다. (2002년 9월)

"목회는 성공이 있는 것이 아니요 충성만 있을 뿐이다."

"목사이기 때문에 거룩해야 된다고 하는 말은 우리의 모습이 위장된 신앙에 도둑맞고 있다는 뜻이다. 성도는 누구나 거룩해야 된다."

"1979년 합동측이 주류와 비주류로 분열된 대구 동부교회에 모인 총회에서 대구 신학생들이 주류 성향을 가진 총대만 입장시킨 일을 했다. 그 일을 성정현 목사도 했다고 본인이 증언했다. (2002년 10월 18일)"

"노상헌 목사는 1978년 10월 12일 예수님을 영접하고 너무 기뻐서 어머니에게 자신이 입고 다니는 청바지 궁둥이 쪽에요 3:16을 수로 놓아 달라고 해서 어머니가 정성스럽게 수놓아 주어 그것을 입고 다녔다. (2002년 10월 23일)"

김종군 목사(2002년 11월 6일 합신 수요예배)가 지혜롭게 말한 것이다.
3가(계 3:17)=가소롭고, 가증스럽고, 가련한 것
3무(욥 38:2)=무지하고, 무능하고, 무가치한 것
3만=방만하고, 오만하고, 교만한 것
3행(사 1:4)=행악 자, 행락 자, 행음 자

방동섭 목사(Los Angeles)는
"거울은 5분만 보고 하나님을 30분 보면 미인이 된다"라고 말했다.

"하나님을 알고 나를 알고 너를 알면 교회를 알 수 있다. 교회는 하나님이 만드셨고, 나는 부패한 죄인이고, 너도 부패한 죄인이다. 고로 지상교회는 완벽할 수 없다."

박형용 제공 2002년 12월

나의 인생 여정

내가 소년이었을 때는 세상의 이치를 잘 몰라
세월 가는 줄 모르고 살았다.

내가 청년이었을 때는 열정과 비전이 넘쳐
삶의 진지함을 깨닫지 못하고 살았다.

내가 장년이었을 때는 생활을 영위하느라
열심을 다하다 보니 세월 가는 줄 모르고 살았다.

내가 노년이었을 때는 인생의 짧음을 깨닫고
세월의 귀함을 알게 되었다.

박형용 전언

김명혁 목사와 시편 100편

　김명혁 목사는 "영 몰라 통 몰라 가르쳐줘도 몰라"라는 제목의 책을 스스로 출판할 정도로 건망증이 있다. 그런데 김명혁 박사가 화란 암스텔담에 컨퍼런스(Conference) 참석차 갖는데 컨퍼런스 참석 후에 미국으로 가서 집회를 인도할 계획이 서 있었다. 그런데 컨퍼런스가 끝나고 주말이 되었는데 여권을 분실한 사건이 발생했다. 그 여권에는 미국에 갈 비자도 찍혀있는 형편이었다. 마침 한국대사관에 가서 여권은 급하게 만들 수 있었다. 문제는 미국에 입국하기위한 비자를 받는 것이었다.

　김명혁 박사는 다짜고짜로 미국 영사관을 찾아갔다. 보초가 영사관을 지키고 있는데 김명혁 목사가 영사를 불러오라고 요청했다. 보초는 김목사에게 주말이기 때문에 공무를 보지 않는다고 돌아가라고 했다. 그 때 김목사가 보초에게, "만약 미국 대통령이 여기에 와 있다면 영사가 나오지 않겠느냐"고 말하면서 "나는 중요한 사람인데 영사를 꼭 만나야 한다"고 우겼다. 할 수 없이 보초가 영사에게 전화를 걸었다. 영사가 나왔을 때 김명혁 목사가 자초지종 이야기를 하고 비자를 달라고 요청했다. 그러자 영사가 시편 100편을 외어보라고 했다. 그래서 김명혁 목사가, "Shout for joy to the Lord, all the earth. Worship the Lord with gladness; come before him with joyful songs."(Psalms 100:1-2)라고 암송했다. 그러자 영사가 그것은 시편 100편이 아니라고 말하면서, 시편 100편은 "The Lord is my shepherd, I shall not be in want. He makes me lie down in green pastures, he leads me beside quiet waters."라고 암송했다.

그러자 김명혁 목사가 "아니 어떻게 미국 영사가 시편 100편과 시편 23편도 구별하지 못하느냐"고 말하고 "당신이 암송한 시편은 시편 100편이 아니요 시편 23편이라고 하자" 영사가 즉시 미국 비자를 여권에 찍어 주었다. 그래서 김목사는 미국 여행일정을 무사히 마칠 수 있었다.

김명혁목사 증언
(2010년 11월 11일, 합신 교정에서)

새에서 배우는 삶의 지혜

윤무부 새 박사는 "학처럼 건강하게, 원앙처럼 금실 좋게, 기러기처럼 어른을 공경하면서 살라."라고 가르친다. 윤무부 박사는 평생 새를 연구하여 한국의 새 연구에 큰 기여를 하신 분이시다.

국민일보 2014년 6월 11일 (수), p. 15에서

어느 것이 더 무거운가?

질문 : 돌, 모래, 미련한 자의 분노 중 어느 것이
　　　　더 무거운가?

답 : 미련한 자의 분노 (잠 27:3)

"분을 내어도 죄를 짓지 말며 해가 지도록 분을 품지 말고 마귀에게 틈을 주지 말라"(엡 4:26-27)의 말씀처럼 분노는 죄를 짓게 하고 마귀에게 틈을 주기 때문에 분노가 가장 무거운 것이다.

편저자 제공

다시 읽고 싶은 "좋은 글"

행복의 모습은 불행한 사람의 눈에만 보이고,
죽음의 모습은 병든 사람의 눈에만 보인다.

웃음소리가 나는 집엔 행복이 와서 들여다보고,
고함소리가 나는 집엔 불행이 와서 들여다본다.

받는 기쁨은 짧고 주는 기쁨은 길다.
늘 기쁘게 사는 사람은 주는 기쁨을 가진 사람이다.

어떤 이는 가난과 싸우고 어떤 이는 재물과 싸운다.
가난과 싸워 이기는 사람은 많으나 재물과 싸워
이기는 사람은 적다.

넘어지지 않고 달리는 사람에게 사람들은 박수를
보내지 않는다. 넘어졌다 일어나 다시 달리는 사람에게
사람들은 박수를 보낸다.

느낌 없는 책은 읽으나 마나,
깨달음 없는 종교는 믿으나 마나.

진실 없는 친구는 사귀나 마나,
자기희생 없는 사랑은 하나 마나.

마음이 원래부터 없는 이는 바보이고,
가진 마음을 버리는 이는 성인이다.

두 도둑이 죽어 저승엘 갔다.
한 도둑은 남의 재물을 훔쳐 지옥엘 갔고,
한 도둑은 남의 슬픔을 훔쳐 천당엘 갔다.

먹이가 있는 곳엔 틀림없이 적이 있다.
영광이 있는 곳엔 틀림없이 상처가 있다.

남편의 사랑이 클수록 아내의 소망은 작아지고,
아내의 사랑이 클수록 남편의 번뇌는 작아진다.

남자는 여자의 생일을 기억하되 나이는 기억하지 말고,
여자는 남자의 용기는 기억하되 실수는 기억하지
말아야 한다.

어디에서 퍼온 글 (출처를 정확히 밝히지 못해 죄송)

상식적인 목회자가 되라

동서울노회 제 67회 정기노회(2013, 10, 15, 화)에서 19명이 목사안수를 받았고 15명이 강도사 인허를 받았다. 박형용 목사는 후배 목사들에게 다음과 같은 네 가지 권면을 하였다.

첫째, 목사 자신을 위해서는 바보 같은 목사가 되라.

목사들은 예수님의 피로 값 주고 산 교회를 섬기고 하나님께 영광을 돌리기 위해 목사 안수를 받는다. 그렇다면 목사들은 바보같이 행동한 예수님을 닮아야 한다. 예수님은 하나님이시면서 사람의 몸을 입으셨다. 이는 바보 같은 행동이었다. 예수님은 죄 없으시면서 고난과 고통을 당하시고 십자가에서 죽기까지 하셨다. 이런 삶도 바보 같은 삶이었다. 따라서 목사들은 자신을 위해서는 바보 같이 행동해야 한다.

둘째, 상식이 통하는 목사가 되라.

상식이 통하는 목사는 장로님이 두 번 식사를 사면 목사가 한 번쯤 식사를 사는 것이 상식이 통하는 목사이다. 상식이 통하는 목사는 권사님이 두 번 대접하면 목사가 한 번쯤 대접하는 것이 상식이 통하는 목사이다. 상식이 통하는 목사는 오늘 박영선 목사가 10분 설교하는 것처럼 큰 행사가 있을 때는 센스 있게 행동하는 것이다. 어떤 목사는 이런 경우 50분 설교하기도 한다. 그런 목사는 상식이 통하지 않는 목사이다. 상식이 통하는 목사는 노회 갈 때 전도사에게 가방 들도록 내버려두지 않는다.

셋째, 목사는 본질을 중요하게 생각하지만 비본질도 지혜롭게 대처해야 한다.

본질은 성경말씀이요 진리이다. 목사가 진리를 위해서는 생명을 아끼지 않고 견지해야 한다. 그러나 목사가 목회의 사역을 할 때 비 본질도 중요함을 알아야 한다. 비 본질적인 것으로 장로님이나 권사님 혹은 성도들과 의견이 다르면 경청하고 고집을 세우지 않는 지혜가 있어야 한다. 많은 교회 내에서 목사들이 비 본질적인 것 때문에 평안을 잃는 경우가 많이 있다.

넷째, 목사는 항상 사랑의 마음으로 목회해야 한다.

예수님은 요한복음 21:15이하에서 베드로에게 세 번의 질문을 한다. "네가 나를 사랑하느냐 '" 내 양을 치라 혹은 내 양을 먹이라." 예수님은 "네가 1급 운전면허가 있느냐,,, 내

양을 먹이라." "네가 심방을 잘 하느냐... 내양을 치라" "네가 설교를 잘하느냐... 내 양을 먹이라"하지 않으셨다. 예수님의 질문은 "네가 나를 사랑하느냐"이다. 목사들은 항상 사랑의 마음으로 목회에 임해야 한다. 예수님이 한 사람을 위해 십자가에서 죽으신 것처럼, 우리 목사들은 한 사람, 한 사람을 사랑하는 태도로 목회를 해야 한다.

2013년 10월 15일 (화) 16시
박형용 목사, 남포교회당에서 인허 받는 강도사와 안수 받는 목사에게 하는 권면

암의 예방과 극복

　암을 영어로 C.A.N.C.E.R. 라고 한다. 알파베트를 사용하여 암의 예방 방법을 생각해 보자. 어떤 이가 다음과 같은 좋은 이야기를 KBS 생로병사 프로그램을 통해 소개했다.

C – Cigarette

　담배를 피우지 않는 것이 암 예방에 대단히 좋다.

A – Alcohol

　음주를 하지 않는 것이 암 예방에 좋다.

N – Nutrition

　신체에 필요한 영양을 골고루 섭취하는 것이 좋다.

C – Control of Stress

　스트레스를 조절하는 것이 암 예방에 좋다.

E – Exercise

　적당한 운동을 꾸준히 하는 것이 암 예방에 좋다.

R – Regular Screening

　주기적으로 암에 관한 검진을 하는 것이 암을 극복할 수 있다.

설명: 편저자

어느 부동산 중계인의 재치

집을 보러 온 손님에게 부동산 중개인이 열심히 설명한다. "이 동네는 공기 좋고 물 좋고 환경이 좋아서 병에 걸려 죽는 사람이 없어요." 그때 마침 장례 행렬이 그 앞을 지나가고 있었다.

그러자 그 중개인은 혀를 차며 이렇게 말한다. "저런, 환자가 없어서 의사가 굶어 죽었구먼."

임붕영(신안산대학교교수) 제공

부자와 세 아들

평생 부를 많이 축적한 부자가 임종을 맞이하게 되었다. 그에게는 세 아들이 있었다. 부자 아버지는 자신이 죽은 후 각 아들이 해야 할 유언을 남겼다. 유언은 각 아들이 아버지의 관에 100불씩을 넣으라는 것이었다. 첫째 아들이 100불의 지폐를 아버지의 관에 넣었다. 둘째 아들도 100불의 지폐를 아버지의 관에 넣었다. 그런데 셋째 아들이 관으로 다가가더니 300불짜리 개인수표를 넣고 첫째 아들과 둘째 아들이 넣은 200불의 지폐를 챙겼다. 누가 현명한 아들인가?

박형용 전언

레이건 대통령과 총알

　레이건(Reagan) 대통령이 대통령 시절 저격을 당했다. 그런데 레이건이 저격당했을 때 하는 말이 "내가 배우였을 때는 총알을 잘 피했는데, 대통령이 되니 그렇게 잘 안 되는구먼"이라고 우스겟 소리를 했다. 그의 삶의 한 단면이 보인다.

윤복만 교수 전언

삼겹살과 손님

　손님이 "삼겹살에 비개가 너무 많구만"이라고 하자, 가게 직원이 "그렇네요, 비개가 많네요. 이 녀석이 운동을 안 했군요"라고 대답하자, 손님이 "그러면 내가 먹고 내가 운동을 하지요"라고 대답을 해서 웃고 지나갔다. 긍정적으로 좋게 생각하면 모든 일을 잘 풀 수 있다. "내 힘들다"를 거꾸로 쓰면 "다 들 힘내"가 되고, "자살"을 거꾸로 쓰면 "살자"가 된다.

윤복만 교수 전언

장자의 말

美成在舊 (미성재구) – 아름다운 것을 이룰 때는 오래 걸린다.

惡成不及改 (악성불급개) – 나쁘게 되는 것은 일순간이다.

오랜 기간 쌓아 올린 공적도 한 순간의 분노로 와르르 무너진다.

편저자 제공

창의력

자유의 여신상의 고철 가격
1974년, 미국은 자유의 여신상을 깨끗하게 수리했다.
그런데 공사를 다 마치니
엄청난 양의 쓰레기가 나왔다.
각종 고철, 목재 등으로 몇 트럭 분량이었다.

정부는 이를 처리하기 위해 입찰공고를 냈는데,
아무도 쓰레기를 가져가려 하지 않았다.
워낙 오래된 것이라
재활용도 할 수 없었기 때문이다.

그런데 한 유태인이
산처럼 쌓인 쓰레기를 가져가겠다고 계약했다.
이 소식을 들은 사람들은 하나같이
유태인을 비웃거나 동정했다.

당시 뉴욕에는 엄격한 쓰레기처리 규정이 있었다.

잘못 처리 하면 환경 당국의 기소를 받아

감옥에 갈 수도 있었다.

유태인은 사람들을 고용해서

쓰레기를 분리한 뒤

기념품을 만들기 시작했다.

금속은 녹여서 작은 자유의 여신상 모형을 만들었고,

시멘트 덩어리와 목재로 여신상의 받침대를 제작했다.

아연과 알루미늄은 뉴욕광장을

본뜬 열쇠고리로 바뀌었다.

석회가루도 버리지 않았다.

잘 포장해서 꽃가게에 팔았다.

결국, 그는 무려 350만 달러의 돈을 벌었다.

쓰레기를 사들인 가격의 1만 배가 넘는 금액이었다.

김혜영 (새벽편지 가족)

"하나님의 영을 그에게 충만하게 하여 지혜와 총명과 지식으로
여러 가지 일을 하게 하시되"(출애굽기35:31)

핍박과 유혹

핍박과 유혹은 어느 것이 견디기 쉬운가?

핍박은 대개 인간의 육체를 괴롭히고,
유혹은 인간의 마음의 성을 무너뜨린다.

핍박은 핍박하는 사람의 일방적인 행위이나,
유혹은 유혹하는 자와 유혹 받는 자가 함께 동참하는
것이다. 그래서 유혹은 더 간교하고 뿌리치기가 힘들다.

핍박은 일반적으로 인간의 장점 때문에 오고,
유혹은 일반적으로 인간의 약점 때문에 온다.

핍박을 받을 때 사람들의 마음은 하나님을 향하게되나,
유혹을 받을 때는 사람들의 마음이 마귀를 향하게 된다.

핍박의 상처는 영광이지만,
유혹의 흔적은 부끄러움이 된다.

장미꽃이 상처를 입으면 아름다운 향기를 발하지만,
쓰레기 더미를 건드리면 썩은 냄새만 풍기는 것이다.

———

웃음은 부작용이 전혀 없고 유통기한이 없는 건강한 약이다.

본문 [웃음은 건강한 만병통치약] 중에서

4부

웃음 이야기

거룩한 소와 보통 소

　2010년 인도의 관리들이 서울시의 초청으로 한국에 왔다. 서울시는 인도관리들에게 갈비를 식사로 대접했다. 그런데 참석한 인도 사람 모두가 갈비를 즐겨 먹었다. 참석자중 한 사람이 인도 사람들에게 질문을 했다. "알려지기로는 인도에서 소를 숭배하기 때문에 소고기를 먹지 않는다고 들었는데 여러분은 소고기를 대단히 즐겨 먹는데 어찌된 일입니까"라고 물었다. 그런데 인도 사람이 대답하기를 우리나라의 소들은 "거룩한 소"(holy cow)이기 때문에 우리가 먹지 않지만 한국에 있는 소는 "거룩한 소"가 아니고 "식용 소"이기 때문에 먹을 수 있다고 했다.

편저자 박형용 전언

"Move to the Shoulder"

Now just for laughing, and this is a real story.

One Korean man immigrated to Canada and lived in Vancouver. One day he drove on a semi-express road and he did something wrong. And the police stopped him and said, "move to the shoulder." He could not understand what the phrase, "move to the shoulder," means, but he picked up "move" and "shoulder." So he moved his shoulder without moving his car. Then the police said to him "hurry up." So he moved his shoulder faster than before. This is the real story I heard from the one who was involved in this incident. Ha, Ha, Ha, "Laughing makes you a bit younger."

Young Park (미국동료를 위해 영어로 기록)

그냥 웃기위해 실제 일어났던 다음 이야기를 전합니다.

(한 중년의 한국인이 카나다로 이민을 가서 밴쿠버에서 살았습니다. 하루는 그가 고속화 도로를 운전하다가 무슨 교통 신호인지 잘못을 범했습니다. 경찰이 그를 세우고 말하기를

"무브 투 더 숄더"(Move to the Shoulder)라고 말했습니다. 그런데 그는 "무브 투 더 숄더"라는 구절의 의미를 이해하지 못했습니다. 그러나 그는 "무브"라는 말과 "숄더"라는 두 영어 단어는 이해할 수 있었습니다. 그래서 그는 그의 차는 움직이지 않고 어깨를 흔들기 시작했습니다. 그러자 경찰이 그에게 "빨리 움직여"(hurry up)라고 호통을 쳤습니다. 그래서 그는 더 빨리 그의 어깨를 흔들었습니다.)

이 이야기는 그 사건에 직접 관여된 본인으로부터 들은 실제 이야기입니다. "무브 투 더 숄더"는 "갓길로 움직여"라는 뜻인데 그 뜻을 이해하지 못해 생긴 해프닝이었습니다. 우습지요!! "웃음은 사람을 더 젊게 만듭니다."

박형용 전언 및 번역

웃음은 건강한 만병통치약

웃음은 부작용이 전혀 없고
유통기한이 없는 건강한 약이다.
제임스 딘 (James Dean)이 말한 것으로 전해진다.

2014년 3월 15일 박형용 전언

한번 웃고 지나갈 난센스

노인들이 가장 좋아하는 폭포
답 : 나이야 가라(Niagara) 폭포

세상에서 가장 지루한 중학교
답 : 로딩(Loading) 중

화장실에서 사는 두 마리 용
답 : 숙녀 용(dragon)과 신사 용(dragon)

우리나라까지 석유가 도착하는 일수
답 : 오(5)일(Oil)

세상에서 제일 가난한 왕
답 : 최저 임금(King)

할아버지가 좋아하는 돈
답 : 할 머니(Money)

화장실에서 금방 나온 사람의 국적

답 : 일 본 사람(Japanese)

세종대왕이 만든 우유 이름은

답 : 아야어여오요 우유(Milk)

방 안에 있는 모든 사람을 일으켜 세울 수 있는 숫자

답 : 5(다 섯)

2017년 1월 24일 합신대 직원 위로식사 때
서린 낙지 식당에서 신현학 실장 일부제공

Bible Nonsense Laughter

Why didn't Noah go fishing?

He only had two worms.

(노아는 왜 낚시를 즐기지 않았는가?)

(그는 단지 지렁이 두 마리밖에 없었기 때문이다)

What did Adam say on the day before Christmas?

It's Christmas, Eve.

(아담이 크리스마스 전날 무슨 말을 했을까?)

(이제 크리스마스(야), 이브)

How does Moses make his coffee?

Hebrews it.

(모세는 그의 커피를 어떻게 만들었는가?)

(그는 그의 커피를 끓여서(히브리서의 스펠링) 만들었다)

Who was the smartest man in the Bible?

Abraham, He knew a Lot.

(성경 인물 중 누가 가장 영리한 사람인가?)

(그는 아브라함이다. 왜냐하면 그가 롯 (많이)을 알았기
때문이다)

What hour in a day was Adam created?
He was created a little before eve (Eve).
(하루 중 어느 시간에 아담이 창조되었는가?)
(그는 이브가 창조되기 얼마 전 (초저녁 바로 전)에
창조 되었다)

How was Boaz before he married Ruth?
He was ruthless (Ruthless).
(룻과 결혼하기 전에 보아스는 어떤 성격의
사람이었는가?)
(그는 무자비한 (룻 없는) 성격의 사람이었다)

Who was the fastest runner in the race in the Bible?
Adam, because he was first in the human race.
(성경의 경기에서 누가 가장 빠른 경주자인가?)
(아담이다. 왜냐하면 그가 인류의 경주에서 처음이기
때문이다)

Who was the greatest comedian in the Bible?

Samson. He brought the house down.

(성경 안에서 누가 가장 웃기는 코미디언인가?)

(삼손이다. 그가 집을 통째로 내려앉게 했기 때문이다)

Who was the straightest man in the Bible?

Joseph, the king made him a ruler.

(성경에서 누가 가장 올 곧은 사람인가?)

(요셉이다. 왕이 그를 줄자(통치자)로 만들었기 때문이다)

What is the only state of the United States to be
mentioned in the Bible?

Arkansas, Noah looked out of the ark and saw.

(성경에 언급된 유일한 미국의 주 이름은 무엇인가?)

(아칸소 주이다. 노아가 arkan(d)saw 했기 때문이다.)

How did Lot cause the death of his wife?

He said, "Is any one following us, Honey?"

(어떻게 롯이 아내를 죽게 만들었는가?)

(롯이 말하기를 "여보, 우리를 뒤따르는 사람이 있는지
보시요?)

Who is the second shortest man in the Bible?

It was Knee-high-miah (Nehemiah).

(성경에서 누가 두 번째로 키가 작은 사람인가?)

(그는 느헤미야이다. 왜냐하면 그의 이름이 "무릎높이"
이기 때문이다.

Who was the most constipated person in the Bible?

Solomon – he was on the throne for 40 years.

(성경에서 누가 변비를 가장 심하게 앓은 사람인가?)

(솔로몬 왕이다. 그가 40년 동안 변기에 앉아 있었기
때문이다). (throne이 toilet의 의미도 있음)

People believe we came from Adam and Eve.

Gay people believe they came from Adam and Steve.

(사람들은 우리가 아담과 이브로부터 왔다고 믿는다)

(게이들은 그들이 아담과 스티브로부터 왔다고 믿는다)

(이브 앞에 "St"를 더 넣어 남자로 만듦)

How many pairs of animals did Moses take to the ark?

None, it was Noah not Moses.

(모세가 몇 쌍의 동물들을 방주로 데리고 들어 갔는가?)

(한 쌍도 데리고 들어가지 않았다. 동물을 방주로 데리고
들어간 사람은 모세가 아니요 노아이다)

Who was the greatest mathematician in the Bible?
Moses, he wrote Numbers.
(성경에서 누가 가장 숫자에 밝은 사람인가?)
(모세이다. 그가 숫자들(numbers)을 썼기 때문이다)

Did Moses ever make it into the Promised Land?
Yes, at the Mount of Transfiguration.
(모세가 약속의 땅에 들어간 적이 있는가?)
(그렇다, 모세는 변화산에서 약속의 땅에 들어갔다)

Who was the best female financier in the Bible?
Pharaoh's daughter, she went to the Bank of the Nile and
 withdrew a Prophet.
(성경에서 누가 가장 경제에 밝은 여자인가?)
(바로의 딸이다. 그녀는 "나일이라는 은행"(bank of Nile)
에 가서 이윤(profit)을 얻었다.

Why did God make man before woman?
Because he did not want any advice on how to make man.

(하나님이 왜 여자보다 남자를 먼저 창조하셨을까?)
(그 이유는 남자를 창조할 때 여자의 조언을 받고 싶지
않았기 때문이다)

Why do we have to be quiet in church?
Because people are sleeping!
(교회에서는 왜 조용해야 하는가?)
(왜냐하면 사람들이 모두 자고 있기 때문이다)

Look up "rib" in the dictionary and it says
"To vex, irritate or annoy."
Look up "rib" in the Bible and it says "Woman."
Coincidence?
(사전에서 "rib"(갈비)를 찾으면, 그 의미는 "성가시게
하다. 자극하다"이다.
(성경에서 "rib"(갈빗대)를 찾으면, 그 의미는 "여인"이다)
우연의 일치일까?

Boy: "Mom, is it true that God formed man from the dust
    of the ground?"
Mom: "Yes, Johnny, that's true."

Boy: "And is the saying 'Ashes to ashes and dust to dust'
      also true?"

Mom: "Yes, that's what the Bible says."

Boy: "Well, then, you are saying, when woman dies,
      she will turn into rib." or "Well, then, you'd better
      come quick and look under my bed! I think
      someone's either coming or going!"

(소년: 엄마, 하나님이 남자를 땅의 흙으로부터 창조한 것
      이 맞아요?)

(엄마: 옳다, 쟌아. 그 말이 맞다)

(소년: 그리고 "너는 흙이니 흙으로 돌아갈 것 이니라"는
      말도 맞아요?)

(엄마: 그렇다, 그것이 성경이 가르친 것이다)

(소년: 아니, 그러면 여자들이 죽으면, 갈비뼈로 변화된다
      는 말 이예요? 혹은 엄마, 그렇다면 빨리 오셔서 내
      침대밑을 좀 보세요. 누군가 만들어지고 있거나 죽
      어있어요. (침대 밑에 먼지가 많이 있으니까)

박형용 모음 및 번역

상식의 사도

　언제부터인가 합동신학대학원대학교 공동체가 본인에게 "상식의 사도"라는 별칭을 붙여주었다. 그 이유는 내가 상식을 강조한 때문이리라 생각한다. 나는 누구든지 화장실에 가면 손 닦는 종이를 한 장씩만 쓰라고 권면한다. 요즘 사람들은 생각 없이 몇 장씩을 그냥 뽑아 엉성하게 쓰레기통에 버린다. 그러면 종이도 빨리 소모될 것이며 환경파괴의 원인이 되기도 한다. 그리고 나는 목사가 장로님들로부터 식사 대접을 두 번 받으면 한번쯤은 자신이 장로님을 대접하는 목사가 되어야 한다고 강조한다. 이와 같은 상식적인 행동의 강조 때문인지 나를 아는 사람들이 나를 "상식의 사도"라고 부른다.

　그런데 성주진 전 합신대 총장께서 본인에게 다음과 같은 이메일을 보내 왔다. "상식의 사도는 체스터튼의 별명이라고 알려져 있다. "It's the first effect of not believing in God that you lose your common sense and can't see things as they are." (하나님을 믿지 않는 첫 번째 결과는 당신이 당신의 상식을 잃어버린 것이요 사물을 있는 그대로 볼 수 없는 것이다. 박형용 번역). 성주진 교수가 보내온 영어의 내용을 번역해 보니 박형용에게 적용된 "상식의 사도"와 체스터튼에게 적용된 "상식의 사도"의 의미가 다른 것 같다. 어떤 방향으로 사용되든 "상식의 사도"는 좋은 의미이다.

박형용 전언 2013년 9월 24일

아이젠하우어 대통령과 골프

아이젠하우어 (Eisenhower) 미국 대통령이 대통령 직에서 물러난 얼마 후에 기자가 아이젠하우어 대통령을 만났다. 가자가 대통령에게 "대통령 재임 때와 퇴임 후의 변화가 무엇입니까?" 라고 물었다. 아이젠하우어 대통령이 "골프에서 변화가 많아졌다"고 뜻밖의 대답을 하셨다. 기자가 그 의미가 무엇이냐고 되묻자, 아이젠하우어 대통령이 "내가 대통령으로 재임할 때는 나를 이기는 사람이 별로 없더니, 내가 대통령 직에서 퇴임을 한 후에는 나를 이기는 사람이 많아 졌어"라고 설명해 주셨다. 사람 사는 세상에 어쩌면 당연하리라 생각하지만 어쩐지 씁쓸한 마음을 지울 수가 없다.

2013년 9월 24일 웨신대학원 경건회 설교 중
예수소망교회 곽요셉 목사 제공/ 박형용 정리

설교할 수 있는 나이는?

　본인은 2013년 11월 20일(수) 학교(웨스트민스터신학대학원대학교) 사무실을 통해 한 통의 전화를 받았다. 전화의 내용은 자신이 일산 벧엘교회 박기덕 부목사라고 신분을 밝히고, 2014년 1월 26일 (주일)에 벧엘교회에서 설교하실 수 있느냐고 묻는 것이었다. 그래서 나는 2014년 1월 9일-18일까지 Sri Lanka 의 한 신학교(Baldaeus Theological Seminary)에서 강의 계획이 있지만 18일에 돌아오니 가능하겠다고 답했다. 그때 그 부목사가 "목사님이 지금 61세시죠?" "우리교회에서 그 동안 60세 정도의 연세(나이라고 함)에 해당하는 목사님만 모셔서"라고 자신 없는 말을 해서, 본인이 궁금하기도 하고 기분도 약간 나빠서, "저는 지금 71세입니다. 그런데 나이와 설교하는 것과 무슨 상관이 있습니까? 조금 전에 부목사가 스케줄을 확정하는 어투로 말을 했는데 이해가 되지 않는다"고 질문을 했다. 그러자 그 부목사는 "최종 결정이 내 소관이 아니라서"라고 말을 흐리는 것이 아닌가. 그래서 본인은 그 부목사에게 담임목사님과 의논하고 반드시 나에게 가부간 연락하라고 한 후 전화를 끊었다. 후에 그 부목

인지 벧엘 교회 사무직원인지는 알 수 없지만 설교부탁을
취소한다는 연락을 나에게 직접 하지 않고 학교 사무실로
했다고 전해 들었다.

　전해 듣기로는 벧엘교회가 대한예수교장로회(고신) 교단
소속 교회로 일산에서는 꽤 큰 교회로 알려져 있는 것으로
알고 있다. 그리고 교회의 평판도 그리 나쁘지 않은 것으로
알고 있다. 그런데 누가 만들었는지는 모르지만 설교자의 나
이를 제약하는 것이 옳은 것인지는 납득이 되지 않는다. 특
히 고신 교단이라고 하니 더욱 안타깝게 느껴진다.

2013년 11월 20일 박형용 전언

Valentine

A friend sent an early "Valentine" to see
if it will make it around the world.

"For God so lo **V** ed the world,

That He g **A** ve

his on **L** y

Begott **E** n

So **N**

T hat whosoever

Believeth **I** n Him

Should **N** ot perish,

But have **E** verlasting life."

John 3:16

거룩한 유머(The Holy Humor)

예수님은 유머 감각이 있었을까? 내가 목회하기 위해 도착한 한 교회에 예수님이 웃고 계시는 모습의 한 사진이 걸려 있었다. 예수님을 웃는 모습으로 그리는 것이 타당한 일인가? 어떤 이는 그래서는 안 된다고 말할 것이다. 그들은 성경이 구체적으로 예수님의 우는 모습을 묘사했지, 웃는 모습을 그리지 않았다고 말할 것이다. 그리고 그들은 첨부해서 예수님은 이 땅에 심각한 일을 처리하시기 위해 오셨지 장난이나 치며 소일하기 위해 오시지 않았다고 말할 것이다.

그러나 나는 이와 같은 어두운 평가를 지지하지 않는다. 물론 예수님은 웃으셨다. 우리들은 신약에서 예수님의 생활에 대한 모든 정보를 가지고 있지 않다. 요한 사도는 예수님이 이 책에 기록되지 않은 많은 다른 일들을 행하셨다고 말한다 (요 21:25 참조). 그러므로 성경에 명백한 언급이 없다고 예수님이 웃지 않았다고 말할 수 없다.

우리는 하나님이 웃으신 것을 안다. 시편은 하나님이 대항하는 국가들을 향해서 웃으셨다고 전한다. 창세기는 사라가 나이 늙어 아들을 출생할 때 하나님이 사라에게 웃음을 가져다주었다고 전한다. 우리는 하나님이 우리를 웃도록 창조하셨음을 안다. 그것은 의미심장한 것이다. 전도서 3:4은 사람들에게는 웃을 때가 있다고 전한다. 그 외에도 하나님은 우리에게 웃을 수 있는 많은 것을 주셨다. 내가 내 딸 아이에게 예수님이 웃으셨을 것 같으냐고 물으니, 내 딸 아이가 "물론 예수님은 웃으셨습니다. 왜냐하면 예수님은 키위 새들과 웃음을 자아내게 보이는 장닭을 만드셨기 때문이라고 대답했습니다." 창조세계는 웃음을 폭발시키는 수많은 일들로 가득 차 있다.

정통 기독교는 예수님이 완전한 하나님이시면서 완전한 사람이라고 말한다. 어느 쪽 하나를 부인하면 이단이 된다. 만약 예수님이 진정으로 완전한 인간이셨다면 그는 웃으셨다. 유머는 인간의 감정의 한 기본적인 부분이다. 예수님께서 저녁 파티에 가셔서 전혀 웃지 않으셨다는 것을 상상할 수 있겠는가? 예수님이 혼인 잔치에서 물로 포도주를 만드셔서 혼인 잔치가 잘 진행되도록 하셨는데 전혀 웃음을 보이지 않으셨을 것 같은가? 예수님이 최고로 이야기 잘 하는 분인데 한 번도 유머를 사용하시지 않았을 것 같은가?

유머에도 여러 종류의 유머가 있다. 과장하는 유머가 있는가 하면, 빈정대는 유머가 있고, 좌절된 불신을 나타내는 유머가 있다. 그리고 한 마디로 꼭 찔러 비웃는 유머도 있다. 고통스런 유머가 있는가 하면, 악독한 유머도 있고, 장난 끼

있는 유머도 있고, 그리고 재치 있는 유머도 있다.

성경을 조심스럽게 읽으면 비록 우리들이 본문을 너무 익숙하게 알고 있어서 예수님의 유머를 놓치는 경우가 있지만 예수님께서 그의 사역에서 약간의 이런 종류의 유머를 사용한 것을 보게 된다. 예수님께서 성급한 베드로에게 "반석"이라는 이름을 주실 때 반어적인 유머가 담겨 있다. 예수님께서 어리석은 부자와 그의 창고 이야기의 고통스런 희극은 어떤가? 부자가 죽게 된 것을 알게 되었을 때, 우리는 예수님의 질문에서 "그러면 누가 너의 모든 재물을 차지하겠는가?"라는 심오한 유머를 접하게 된다.

또한 큰일은 소홀히 하고 작은 일에 꼼꼼하며 약대는 삼키는 그런 열의를 보이는 사람들에 관한 이야기가 있다. 예수님은 약대가 바늘귀로 들어가는 것이 부자가 하나님 나라에 들어가는 것보다 더 쉽다. 예수님은 어떤 사람들은 형제의 눈에 티는 보면서 자신의 눈에 들보는 보지 못한다고 말씀하셨다. 이런 부조화의 말은 웃음을 자아내게 한다.

마지막으로 기쁨의 성격 자체를 생각해보라. 체스터톤은 기쁨은 기독교인의 굉장히 큰 비밀이라고 말했다. 그는 유머가 기쁜 마음의 한 구성 요소라고 생각한다. 씨 에스 루이스는 이 지상에서 가장 순수한 웃음은 기쁨의 나라에 거한다고 말했다.

시편 126편에 나타난 하나님의 백성들의 놀랄만한 모습을 생각해 보라. 시편 126편은 "여호와께서 시온의 포로들을 돌려보내실 때에 -- 그때에 우리 입에는 웃음이 가득하고 우리 혀에는 찬양이 찼었도다"라고 말씀한다. 이것이 포로와 유배로부터 자유 함을 얻은 성도들이 웃고 있는 모습을 그린 그림이 아니며, 하늘에 속한 구속받은 자들의 한 모습이 아닌가? 당신은 하나님의 아들이 웃지 않았다고 상상이나 할 수 있는가?

(Did Jesus have a sense of humor? In one church I pastored, when I arrived, there was a portrait of Jesus laughing. Is it legitimate to picture him this way? Some people say no. They'll tell you that the Bible explicitly says he wept, but not that he laughed! Besides, they add, he was here for pretty serious reasons and did not have time to play around.

I don't buy this gloomy assessment. Of course Jesus laughed. Realize we don't have all the information on Jesus' life in our New Testament. John says that Jesus did many other things that were not written in his book. So the absence of explicit reference proves nothing.

We know that God laughs. The psalms tell us he laughs

at the defiant nations. Genesis says that God brought laughter to Sarah with the birth of her son in old age. We also know that God created us to laugh. That's significant. Eccl. 3:4 says that for people, "there is a time to laugh."

On top of that, God also gave us much to laugh about. When I asked my daughter if Jesus ever laughed, she said, "Of course he did, because he made Kiwi birds and funny looking roosters!" Creation is full of things that prompt laughter!

Orthodox Christianity says Jesus is both fully God and fully human. Denying the genuineness of either is heresy. If Jesus was truly human, he laughed. Humor is a fundamental part of having human emotions.

Can you imagine Jesus going to dinner parties and never laughing? Can you picture him changing water into wine to keep a wedding party rolling and never cracking a smile? Can you fathom a master story teller who never used humor?

There are many kinds of humor. There is humorous hyperbole, irony, the humor of baffled disbelief. There's the humor that snickers with stinging one liners. There's painful humor, malicious humor, playful humor, and the humor of wit.

A careful reading of the Scriptures shows that Jesus employed some of these in his ministry, even though we sometimes miss his humor in our overfamiliarity with the text. There is ironic humor when Jesus gives impetuous Peter the name "rock." What about the painful comedy of Jesus' story of the rich fool and his barns? When he learned he was about to die, we encounter probing humor in the question, "Then who will get all your stuff?"

Then there are his zingers about people who strain out gnats and swallow camels. He said it is easier for a camel to go through the eye of a needle than for a rich person to enter the kingdom of God. He said some people are more concerned over the speck in their brother's eye than the plank in their own. These incongruities prompt a kind of laughter.

Finally, think about the nature of joy itself. G.K. Chesterton said that joy is the gigantic secret of the Christian. To him, humor is a component of a glad heart. C.S. Lewis said that the purest laughter on earth dwells in the kingdom of joy.

Consider the striking picture of the people of God in Psalm 126. It says "when the Lord restored the fortunes of Zion...our mouths were filled with laughter and our tongues with shouts of joy." Is not this picture of freedom from captivity and exile with saints laughing, a glimpse of the redeemed in heaven? Can you imagine the Son of God not laughing?)

Fall 2013, The Humor of Christ, Don Sweeting 제공, President of Reformed Theological Seminary in Orlando, Fla.

박형용 번역

할머니와 비행기 1등석

　필라델피아에 살고 있는 한 할머니가 한 평생 처음으로 시카고에 살고 있는 딸의 집을 방문하기 위해 비행기를 탔다. 할머니는 안내원들의 안내를 받아 이코노미 좌석에 앉게 되었다. 자리에 앉아보니 자리가 협소하여 불편함을 느꼈다. 마침 화장실에 가고 싶은 생각이 나서 일등석 가까이에 있는 화장실을 사용하고 나오면서 보니 일등석은 자리가 많이 비어 있고 자리의 공간도 넉넉하여 좋았다. 그래서 할머니는 일등석 한 자리를 차지하고 앉았다.

　이 사실을 안 안내원들이 할머니에게 자신의 자리로 돌아가 달라고 말씀을 드렸으나 할머니는 막무가내였다. 여러 안내원이 교대로 할머니에게 자신의 자리로 돌아가시라고 말씀을 드렸으나 할머니는 여기가 넓고 편한데 왜 돌아가느냐고 계속 버티고 계셨다. 안내원들의 노력이 실패한 것을 지켜본 할머니 옆자리 일등석에 앉은 한 신사가 할머니에게 귓속말로 조용하게 말씀을 드렸다. 그 말을 듣자마자 할머니가 자리에서 벌떡 일어나 자신의 이코노미 좌석으로 쏜살같이 되돌아갔다. 옆에서 이를 지켜 본 한 안내원이 그 신사에게 무슨 말씀을 하셨기에 할머니가 저렇게 순순히 자신의 자리로 돌아갔습니까? 라고 물었다. 그 신사는 "제가 이 일등석 자리는 시카고로 가지 않고 로스안젤레스(Los Angeles)로 갑니다"라고 할머니에게 말했다는 것이다.

편저자 정리

황수관 박사의 아버지가 돌아가신 이유

황수관 박사님 하면 건강 전도사로 알려져 있다. 건강에 대해 강의도 많이 하시고 텔레비전에서 건강 특강도 많이 하셨다. 그런데 황수관 박사의 부친이 세상을 하직하셨을 때 황수관 박사가 "아버지가 내 말을 듣지 않아서 돌아 가셨다"고 어느 날 텔레비전 강의에서 밝혔다. 그런데 황수관 박사의 아버지가 황수관 박사의 말을 듣지 않은 것이 황수관 박사는 아버지에게 계속해서 숨을 쉬시라고 했는데 아버지가 그 말을 듣지 않고 숨을 멈추었기 때문에 돌아가셨다는 것이다. 한 번 웃고 지나가는 말이다. 하지만 황수관 박사이니 그런 말을 할 수 있으리라 생각한다.

2015년 11월 15일 은평교회 설교에서
장상래 목사 증언

하나님이 좋아하신 숫자(?)

그 답은 40이다.

노아 홍수 40주야 (창 7:7, 17; 8:6)

이삭 40세에 리브가와 결혼 (창 25:20)

에서 40세에 유딧과 바스맛을 아내로 맞이함 (창 26:34)

모세 40세/40세/40세=120세 (출 7:7; 신 34:7)

모세가 시내 산에서 십계명 받은 일수 40일 40야
      (출 24:18; 34:28; 신 9:9)

열두(12) 스파이들이 가나안을 정탐한 일수 40일
      (민 14:34; 신 1:46)

모세가 이스라엘 백성에게 여호와의 명령을 전한 해가
      마흔째 해임(40년) (신 1:3)

악인에게 내리는 태형은 40번까지 허용
      (신 25:1-3; 고후 11:24)

갈렙의 아우 그나스의 아들 옷니엘이 40년을 평온하게
      다스림 (삿 3:9-11)

드보라 때에 이스라엘이 40년 평온함 (삿 5:31)

기드온 때에 이스라엘이 40년 평온함 (삿 8:28)

이스라엘이 40년 동안 블레셋의 통치를 받음 (삿 13:1)

엘리가 사사 된지 40년에 사망함 (삼상 4:18)

사울이 왕이 될 때 40세 (삼상 13:1)

사울 통치 40년 (삼상 12장-31장)

골리앗이 이스라엘을 40일 동안 괴롭힘 (삼상 17:16)

사울 왕이 죽은 후 혼란기에 사울의 아들 이스보셋이
　　　40세에 왕이 됨 (삼하 2:8-10)

다윗 통치 40년 (삼하 5:4; 왕상 2:11)

솔로몬 통치 40년 (왕상 11:42; 대하 9:30)

엘리야 40주 40야를 가서 하나님의 산 호렙에 이름
　　　(왕상 19:8)

요아스 왕이 예루살렘에서 40년을 통치함
　　　(왕하 12:1; 대하 24:1)

르호보암이 왕위에 오를 때 40세임 (대하 12:13)

요나가 니느웨의 멸망을 40일 후라고 예언함 (욘 3:4)

이스라엘이 광야에서 지낸 생활 40년
　　　(시 95:10; 행 7:36; 13:18; 히 3:9, 17)

요셉이 그의 아버지 야곱의 주검에 향 처리를 한 일 수가
　　　40일 (창 50:2-3)

예수님이 금식한 일수 40일 (마 4:2; 막 1:13; 눅 4:1)

예수님이 부활체로 40일 동안 지상에 계심 (행 1:3)

편저자 제공

잠자는 사람을 매장할 번한 이야기

디 에이 칼슨(D. A. Carson)은 유명한 신약신학자로 미국 일리노이 주 디어필드에 위치한 트리니티 신학대학원의 교수로 그의 강의와 저술로 세계적으로 영향을 끼치고 있는 학자이다. 그에게 특별한 실화가 있다.

어느 날 그의 할아버지가 예상 외로 오래토록 잠을 잘 때가 있었다. 그런데 식구들이 할아버지가 죽은 줄로 알고 할아버지를 관에 넣고 매장하기위해 길을 떠났다. 장지로 가는 동안 할아버지가 관 속에서 깨어나신 것이다. 깨어나신 할아버지가 둘러보니 자신이 관 속에 갇혀 있는 것을 발견했다. 그리고 할아버지는 관 속에서 똑 똑 하면서 인기척을 냈다. 마침 밖에서 그 인기척 소리를 듣고 멈추어 관을 열어 보니 멀쩡하게 살아계신 할아버지를 발견하게 되었다. 큰 일 날 번한 일이었다. 그리고 참으로 다행한 일이었다.

2014년 11월 13일 웨신대학원 경건회 설교에서
김경식 교수 증언

상대방의 마음을 읽는 법

친구에게 1에서 99사이의 한 숫자를 생각하고 말하지는 말라고 한다. 그리고 친구에게 내가 말하는 데로 계산을 하면 지금 마음으로 생각하고 있는 숫자를 알아 마칠 수 있다고 말한다.

우선 친구에게 그의 나이를 적으라고 한다. 그리고 그 나이 숫자를 두 배로 적으라고 한다.

나이를 두 배로 한 숫자에 5를 더하라고 한다. 그런 다음 100을 곱하라고 한다.

그런 다음 100을 곱해 나온 숫자를 2로 나눈 다음 일 년에 해당하는 숫자 365를 뺀다.

이제 지금까지의 셈의 결과로 나온 숫자에 자신이 처음 생각했던 1에서 99사이의 숫자를 보태라고 한다.

그리고 친구에게 마지막 나온 숫자를 알려 달라고 한다. 친구가 제시한 숫자에 115를 보탠다.

친구가 제시한 숫자의 앞쪽 두 숫자는 친구의 나이이고, 뒤쪽 두 숫자는 친구가 생각했던 숫자이다.

예를 들어 설명해 보자. 친구의 나이는 11살이요, 친구는 90을 생각하고 있다고 하자.

친구의 나이	11
나이를 두 배로 함	22
5를 보탬	27
100으로 곱함	2700
2로 나눔	1350
365일을 뺀다	985
처음 생각한 숫자 90을 더함	1075
계산된 숫자에 115를 더함	1190

답은 앞쪽 두 숫자는 친구의 나이요, 뒤쪽 두 숫자는 친구가 처음 생각하고 있던 숫자이다.

James Webster의 Tricks and Magic 6-7쪽에서
편저자 번역

원리를 알면 문제가 풀린다

1에서 9를 가로, 세로, 대각선으로 모두 15가 되도록 하는 원리를 찾아보자. 이렇게 하는 것은 가능한 일이지만 원리를 모르면 시간이 오래 걸린다. 간단한 방법은

1을 상단에 위치한 가로의 중간에 위치하고

2는 하단에 위치한 가로의 처음에 위치시킨다.

3은 오른쪽 세로의 중간에 위치시키고

4는 오른쪽 세로의 하단에 위치시킨다.

5는 사각형 정중앙에 위치시키고

6은 왼쪽 세로의 상단에 위치시킨다.

7은 왼쪽 세로의 중간에 위치시키고,

8은 오른쪽 세로의 상단에 위치시킨다.

9는 하단에 위치한 가로의 중간에 위치시킨다.

그렇게 하면 가로로 계산해도 15가 되고 세로로 계산해도 15가 된다. 그리고 대각선으로 계산해도 15가 된다. 원리를 알면 쉽게 풀리나 원리를 모르면 많은 시간을 사용해도 결과를 찾아내기 힘들다.

James Webster의 Tricks and Magic 10-11쪽에서
편저자 번역

한국 사람들이 모르는 것 세 가지

첫째, 일본이 얼마나 강한지 한국 사람들만 모른다.

둘째, 북한이 얼마나 위험한지 한국 사람들만 모른다.

셋째, 우리나라가 얼마나 잘사는지 한국 사람들만 모른다.

2014년 11월 22일 (토)
서울 남서울교회(최성은 목사) 한국장로교신학회 설교 중에서 증언

우유 이름으로 본 부모의 마음

　이 이야기는 씁쓸한 웃음을 자아내게 한다. 이런 생각을 갖는 것은 불건전한 사고에 기초를 둔 것이다. 우리 모두는 이런 유혹에 빠져서는 안 된다. 그럼에도 불구하고 이것이 작금의 한국 부모들의 마음을 대변하는지도 모른다. 부모들이 자녀가 태어나면 자신들의 자녀가 천재인 것으로 생각하여 아인슈타인우유를 먹이기 시작한다고 한다. 그런데 자녀가 커가면서 천재가 아닌 것을 발견하면 서울우유를 먹이기 시작한다. 좀 더 시간이 지나 자신들의 자녀의 명석함이 그 정도도 아니라고 판단하면 연세우유를 먹이기 시작한다. 그리고 좀 더 시간이 지나 그것도 욕심이었다고 생각하면 건국우유를 먹이기 시작한다. 그리고 종국에는 자녀의 재능에 회의가 생기면 저지방 우유(저쪽지방)를 먹인다고 한다. 그래서 부모가 갖는 자녀에 대한 바람이 점점 약해지면서

아인슈타인우유

서울우유

연세우유

건국우유

저지방우유

로 바꾸어 먹이게 된다는 웃지 못 할 씁쓸한 이야기가 있다.

2016년 11월 어느 날 쌈도둑에서
조요셉 목사 전언

무엇이 잘못되었는가?

이 이야기는 네 사람에 관한 것이다.

모든 사람(everybody), 어떤 사람(somebody), 누구든지 (anybody), 아무도(nobody) 에 관한 이야기이다. 중요한 일을 해야 했는데 모든 사람은 어떤 사람이 그 일을 하리라 확신했다. 그 일은 누구든지 할 수 있는 일이었는데 아무도 하지 않았다.

어떤 사람은 그 일이 모든 사람의 일이라고 화를 냈다. 모든 사람은 어떤 사람이 그 일을 하리라 생각했다. 그러나 아무도 누군가가 그 일을 할 것인지 묻지 않았다.

결국 그 일은 성취되지 못했고 실제로 아무도 누군가에게 묻지도 않았는데 모든 사람이 모든 사람을 비난했다.

What went wrong?

(This is the story of four people.

Everybody, Somebody, Anybody, and Nobody.

There was an important job to be done and Everybody

was sure that Somebody would do it. Anybody could have done it but Nobody did it.

Somebody got angry because it was Everybody's job. Everybody thought that Somebody would do it. But Nobody asked Anybody.

It ended up that the job wasn't done and Everybody blamed Everybody, when actually Nobody asked Anybody.)

편저자 제공

———————

많이 웃으면 젊게 보이고 많이 찡그리면 늙게 보이는 것은 당연하다.
하나님은 인간이 많이 웃으면서 살도록 창조하셨다.

본문 [웃음과 찡그림의 차이] 중에서

5부

정보 이야기

이스라엘 부모의 자녀 교육 25가지

1. 기회 있을 때마다 민족의 긍지를 심어준다.
2. 다른 사람으로부터 받은 피해는 잊지 말라.
   그러나 용서하라.
3. 부모에게 받은 만큼 자식들에게 베풀어라.
4. 노인을 존경하는 마음은 아이들의 문화적 유산이다.
5. <내 것> <네 것> <우리 것>을 구별시킨다.
6. 은은 무거워야 한다. 다만 무겁게 보여서는 안된다.
7. 용돈을 줌으로써 저축하는 습관을 길들인다.
8. 몸을 깨끗이 하는 것은 위생상, 외견상 목적 이상의
   중요한 의미가 있다.
9. 편식 버릇을 방관하면 가족이란 일체감을 잃게된다.
10. 한 살이 될 때까지는 부모와 함께 식탁에 앉히지
    않는다.
11. 외식을 할 때는 어린 자녀를 데려가지 않는다.
12. 가족 모두가 모이는 식사시간을 활용한다.
13. 어떤 일이든 제한된 시간 내에 마치는 습관을
    길러준다. 시간의 소중함을 깨우쳐 준다.

14. 자녀들의 잘못은 매로 다스린다.

15. 협박은 금물이다. 벌을 주든지 용서를 하든지 하라.

16. 최고의 벌은 침묵이다.

17. 자녀를 꾸짖을 때는 기준이 분명해야 한다,

18. 자녀들에게 거짓말을 하여 헛된 꿈을 갖게 하지
    않는다.

19. 텔레비전의 폭력장면은 보여주지 않지만 다큐멘터리
    전쟁영화는 꼭 보여준다.

20. 어릴 적부터 남녀의 성별을 자각시킨다.

21. 성문제는 사실만을 간결하게 가르친다.

22. 음식에 대해 감사드리는 것은 곧 하나님께 대해
    감사드리는 것과 마찬가지이다.

23. 돈으로 선물을 대신하지 말라.

24. 자선행위를 통해 사회를 배운다.

25. 친절을 통해 아이를 지혜로운 인간으로 키운다.

GP(Global Partners)의 7가지 의미

Go and Pray (가라 그리고 기도하라)

God's Purpose (하나님의 목적)

Good Personality (좋은 인격)

Guard Post (지키는 초소)

Global Pioneer (우주적 선구자, 우주적 개척자)

Great Potentiality (굉장한 가능성)

Genuine Partnership (진정한 동역자)

GP 선교지 2014년 3월호에서

2010년 2월 기독교 인구

　미국해외선교연구센터(OMSC)가 선교연구지(International Bulletin of Missionary Research)를 통해 2010년 2월 밝힌 지구촌의 그리스도인은 2,292,450,000명(22억9245만 명)이다. 이 통계는 세계 인구를 69억 명으로 추산할 때 33.2%에 해당한다. 같은 통계는 무스림 15억4944만 명, 힌두교인 9억4850만 명, 무종교인 6억3985만 명, 도교(중국)추종자 4억6873만 명 등으로 전한다. 기독교를 세분하면 카톨릭 11억5562만 명, 독립교회 4억1931만 명, 개신교 7억8847명, 정교회 2억7444만 명, 성공회 8678만 명, 기타 3491만 명으로 구분된다.

　대륙별로 기독교를 분류하면 유럽 5억6086만 명, 라틴아메리카 5억4315만 명, 아프리카 4억7060만 명, 아시아 3억4796만 명, 오세아니아 2347만 명 등이다.

　한편 기독교 교파는 4만1000개, 교회당은 485만 개, 해외선교파송단체는 4700곳, 기독교봉사단체는 2만8000곳, 전임사역자는 1200만 명(남성 720만 명, 여성 480만 명), 해외선교사 40만 명으로 집계되었다. 현재 세계의 미전도 종족 인구는 20억2669만 명이다.

뉴스파워에서

1%의 영감과 99%의 노력

우리는 잘못된 번역으로 정확한 정보를 왜곡하는 경우가 있다. 서옥식 씨의 책 "오역의 제국"에 의하면 우리가 흔히 알고 있는 다음의 말도 약간 왜곡되었음을 알게 된다.

칸트의 말: "인간을 수단이 아니라 목적으로 대하라" 는 칸트의 말은 실상 "인간을 수단으로서만 아니라 목적으로서도 대하라"고 말한 것이다.

에디슨의 말: "천재는 1%의 영감과 99%의 노력으로 만들어진다"는 에디슨의 말도 "1%의 영감이 없으면 99%의 노력이 있다 해도 천재가 될 수 없다"라고 말한 것으로 전해진다.

동아일보 2013년 11월 11일 (월) 권재현기자 제공

99歲까지 팔팔하게 사는 방법

　이제 결코 꿈이 아니며 人間 壽命 120歲를 實證해 보인 사람의 報道도 심심하지 않게 접하게 됩니다.
　영국 言論(가디언)이 報道한 '健康하게 오래 사는 秘訣' 30項을 修正 再構成해 봅니다.

1. 마늘을 하루 1~2알정도 섭취하라
　하루 5㎖의 마늘을 섭취하면 체내 유해 화학물질을 48%까지 감소시킬 수 있고 암이나 면역체계 이상, 관절염 등을 예방할 수 있다. 기억력 감소 치매 예방에도 효과가 있는 것으로 알려져 있다.

2. 적당한 운동을 꾸준히 하라
　주 3회 정도 적당한 운동을 하면 뼈가 튼튼해지는것은 물론 심장질환 발병 위험이 줄어든다. 산책은 적당한 긴장감이 느껴질 정도의 빠른 걸음으로 하는것이 좋다.

3. 정제하지 않은 곡물 섭취를 늘려라

정제하지 않은 곡물 음식을 주 4회 정도 섭취하면 암 발생 위험을 40% 줄일 수 있다.

4. 야채와 과일을 많이 먹어라

뇌졸중, 심장병, 암, 당뇨병 등의 예방에 효과가 있고 여성의 경우 유방암 위험을 절반으로 줄일 수 있다. 특히 토마토나 포도, 브로콜리 등을 많이 섭취하는 것이 좋다.

5. 패스트푸트 섭취를 줄여라

이런 음식을 많이 먹을 경우 관상동맥 질환이나 뇌졸중, 심장병 발병 위험이 커진다.

6. 생선을 많이 먹어라

생선에 많이 함유된 오메가-3 지방산은 혈전 생성을 방지하고 생선 기름은 면역체계를 강화한다. 한 달에 한 번 정도만 생선을 먹어도 심장병 예방에 효과가 있다.

7. 소금을 적게 먹어라

세계보건기구 1일 염분 섭취 권장량은 5㎎이하다. 지나치게 짜게 먹을 경우 심장병이나 뇌졸중의 위험이 높아진다.

8. 적당량의 와인을 마셔라

하루 2잔 정도의 와인은 암 치매 예방에도 효과가 있다.
맥주보다는 와인을 마시는 편이 낫다.

9. 하루 2잔정도 커피를 마셔라

하루에 커피를 2잔정도 마시면 결장암은 25%, 담석
은 45%, 간경변은 80%, 천식은 15%, 파킨슨병 위험은
50~80%까지 줄어든다는 연구 결과가 나와있다. (임산
부는 예외)

10. 차를 많이 마셔라

심장병 발병 위험이 절반으로 줄어든다.

11. 체중을 줄여라

표준체중에서 1kg 초과 때마다 수명은 20주씩 단축된다
는 연구 결과가 나온 바 있다

받은 메일에서 옮긴 글

역사상 중요한 인물들의 IQ
(IQ of Important People in History)

아인슈타인 (Albert Einstein): IQ Score 160

핼러 (Albrecht Haller): IQ Score 190

포프 (Alexander Pope): IQ Score 180

잭슨 (Andrew Jackson): IQ Score 123

와일즈 (Andrew Wiles): IQ Score 170

와홀 (Andy Wharhol): IQ Score 86

다이크 (Anthonis Dyck): IQ Score 155

아놀드 (Antoine Arnauld): IQ Score 190

뷰얼링 (Arne Beurling): IQ Score 180

슈와트네거 (Arnold Schwarzenegger): IQ Score 135

스피노자 (Aruch Spinoza): IQ Score 175

베토벤 (Beethoven): IQ Score 165

프랭클린 (Ben Franklin): IQ Score 160

네타냐후 (Benjamin Netanyahu): IQ Score 180

클린턴 (Bill Clinton): IQ Score 137

클린턴 (Hillary Clinton): IQ Score 140

게이츠 (Bill Gates): IQ Score 160

파스칼 (Blaise Pascal): IQ Score 195

피셔 (Bobby Fischer): IQ Score 187

다윈 (Charles Darwin): IQ Score 165

디킨스 (Charles Dickens): IQ Score 180

랑간 (Chris Langan): IQ Score 195

코페르니쿠스 (Copernicus): IQ Score 160

흄 (David Hume): IQ Score 180

룬드그렌 (Dolph Lundgren): IQ Score 160

바이언 (Donald Byrne): IQ Score 170

리빙스톤 (Dr. David Livingstone): IQ Score 170

아이젠하우어 (Dwight Eisenhower): IQ Score 122

스웨덴보르그 (Emanuel Swedenborg): IQ Score 205

루스벨트 (FDR): IQ Score 147

멘델손 (Felix Mendelssohn): IQ Score 165

헤겔 (Friedrich Hegel): IQ Score 165

쉘링 (Friedrich Schelling): IQ Score 190

갈릴레오 (Galileo): IQ Score 185

카스파로브 (Gary Kasparov): IQ Score 190

버클리 (George Berkeley): IQ Score 190

엘리옷 (George Eliot): IQ Score 160

핸델 (George Friedrich Handel): IQ Score 170

부시 (George H.W. Bush): IQ Score 98

(This is very questionable)

부시 (George W. Bush): IQ Score 125

워싱톤 (George Washington): IQ Score 118

포드 (Gerald Ford): IQ Score 121

라이프니츠 (Gottfried Leibniz): IQ Score 205

안델센 (Hans Christian Andersen): IQ Score 145

트루만 (Harry Truman): IQ Score 132

발자크 (Honore De Balzac): IQ Score 155

그로티우스 (Hugo Grotius): IQ Score 200

칸트 (Immanuel Kant): IQ Score 175

맨스필드 (Jayne Mansfield): IQ Score 149

쿡 (James Cook): IQ Score 160

와트 (James Watt): IQ Score 165

우드즈 (James Woods): IQ Score 180

아우엘 (Jean Auel): IQ Score 140

케네디 (J.F. Kennedy): IQ Score 119

카터 (Jimmy Carter): IQ Score 156

포스터 (Jodie Foster): IQ Score 132

바흐 (Johann Sebastian Bach): IQ Score 165

스트라우스 (Johann Strauss): IQ Score 170

괴테 (Johann Goethe): IQ Score 210

케플러 (Johannes Kepler): IQ Score 175

아담스 (John Adams): IQ Score 137

록크 (John Locke): IQ Score 165

아담스 (John Quincy Adams): IQ Score 175

밀 (John Stuart Mill): IQ Score 200

수누누 (John Sununu): IQ Score 180

시그몬드 (Jola Sigmond): IQ Score 161

스위프트 (Jonathan Swift): IQ Score 155

하이든 (Joseph Haydn): IQ Score 160

라그란즈 (Joseph Lagrange): IQ Score 185

폴가 (Judith Polgar): IQ Score 170

김웅용 (Kim Ung Yong): IQ Score 210

다 빈치 (Leonardo Da Vinci): IQ Score 220

바이론 (Lord Byron): IQ Score 180

비트겐슈타인 (Ludwig Wittgenstein): IQ Score 190

죤슨 (Lyndon B. Johnson): IQ Score 126

스타엘 (Madame De Stael): IQ Score 180

사방 (Marilyn Vos Savant): IQ Score 228

루터 (Martin Luther): IQ Score 170

미켈란젤로 (Michelangelo): IQ Score 180

세르반테스 (Miguel Cervantes): IQ Score 155

나폴레옹 (Napoleon): IQ Score 145

키드만 (Nicole Kidman): IQ Score 132

알렌 (Paul Allen): IQ Score 160

이메아그왈리 (Philip Emeagwali): IQ Score 190

멜랑히톤 (Philip Melanchthon): IQ Score 190

라프래이스 (Pierre Laplace): IQ Score 190

플라토 (Plato): IQ Score 170

타란티노 (Quentin Tarantino): IQ Score 160

에멀손 (Ralph Waldo Emerson): IQ Score 155

라파엘 (Raphael): IQ Score 170

렘브란트 (Rembrandt): IQ Score 155

데카르트 (Rene Descartes): IQ Score 185

닉슨 (Richard Nixon): IQ Score 143

웨그너 (Richard Wagner): IQ Score 170

레이건 (Ronald Reagan): IQ Score 105

루스 (Rousseau): IQ Score 150

사르피 (Sarpi): IQ Score 195

샤키라 (Shakira): IQ Score 140

스톤 (Sharon Stone): IQ Score 154

프로이드 (Sigmund Freud): IQ Score 156

싱클래어 (Sir Clive Sinclair): IQ Score 159

갈톤 (Sir Francis Galton): IQ Score 200

뉴톤 (Sir Issac Newton): IQ Score 190

피트 (Sir William Pitt): IQ Score 190

코바렙스카야 (Sofia Kovalevskaya): IQ Score 170

호킹 (Stephen Hawking): IQ Score 160

채터톤 (Thomas Chatterton): IQ Score 180

제퍼슨 (Thomas Jefferson): IQ Score 160

올시 (Thomas Wolsey): IQ Score 200

그란트 (Ulysses S. Grant): IQ Score 130

볼태어 (Voltaire): IQ Score 190

시디스 (William Sidis): IQ Score 200

모찰트 (Mozart): IQ Score 165

알면 재미있는 이름 풀이

두산 = "한 말(斗)씩 쌓아 산(山)이 된다"의 약칭

코리아나 = 코리아 나일론(Korea Nylon)의 약칭

한진 = 한민족(韓民族)의 전진(前進)의 약칭

LF = LG Fashion처럼 보이지만 사실은 Life in Future의
    약칭

LG = Lucky Goldstar(럭키 금성)의 약칭

GS = Gangnam Style로 생각되기도 하지만 사실은
    Good Service의 약칭

LIG = Life is Great(삶은 위대하다)로도 쓰이고,

Leading Insurance Group(으뜸 보험사)의 약칭으로
    사용됨

SK = 선경으로 선만주단과 경도직물의 약칭

IBM = International Business Machines의 약칭

GE = Edison General Electronic에서 유래됨

KT&G = Korea Tobacco & Ginseng의 약칭

경상도 = 경주와 상주의 약칭

전라도 = 전주와 라주의 약칭

충청도 = 충주와 청주의 약칭

강원도 = 강릉과 원주의 약칭

평안도 = 평양과 안주의 약칭

함경도 = 함흥과 경성의 약칭

황해도 = 황주와 해주의 약칭

편저자 제공

건강한 교회의 아홉 가지 표지
(Nine Marks of a Healthy Church)

첫째, 건강한 교회의 첫 번째 표지는 강해 설교이다.

둘째, 건강한 교회의 두 번째 표지는 성경신학이다.

셋째, 건강한 교회의 세 번째 표지는 복음을
전파하는 것이다.

넷째, 건강한 교회의 네 번째 표지는 회심을 성경적으로
이해하는 것이다.

다섯째, 건강한 교회의 다섯 번째 표지는 복음전도를
성경적으로 이해하는 것이다.

여섯째, 건강한 교회의 여섯 번째 표지는 교회의
교인 자격을 성경적으로 이해하는 것이다.

일곱째, 건강한 교회의 일곱 번째 표지는 성경적인
교회 권징 행사이다.

여덟째, 건강한 교회의 여덟 번째 표지는 제자화와
성장에 대한 관심이다.

아홉째, 건강한 교회의 아홉 번째 표지는 성경적인
교회 리더십이다.

Dever's Nine Marks and the PCA: How Healthy Are Our Churches?
Nat Belz and Bob Beasley, April 2009. 편저자 요점 정리

젊은이들이 교회를 떠나는 6가지 이유

바나 리서치에 의하면 10명 중 최소 6명의 청년들이 영구적으로 교회를 떠날 것이라고 한다. 심지어, 바나 리서치 연구에 따르면, 교회를 떠나는 연령이 18세에서 15세로 확대된 것으로 나타났다. 오늘날 젊은이들은 결혼이 점점 늦어지고 있고, 신기술에 지식적이고, 부모세대들의 세계관과 전혀 다른 외계인적 관점을 가지고 있다. 바나 리서치 대표인 David Kinnaman의 5년간 조사에서, "교회 리더들은 이러한 새로운 세대를 돌볼 아무런 준비가 되어 있지 않다"고 하였다.(David Kinnaman, "You Lost Me: Why Young Christians are Leaving Church … and Rethinking Faith"). 다음은 바나 리서치에서 종합한 젊은이들이 교회를 떠나는 6가지 이유이다.

1. 세상과 동떨어진 교회

18세에서 29세의 청년들 중 25%가 응답하기를, 음악, 영화, 문화, 테크 놀러지 등 현세대를 대표하는 교회 밖 세상문화 모두에 대해서, 교회는 악한 것 인양 취급한다는 것이다.

2. 깊이가 없는 교회 문화

약 30%의 청년들은 교회가 너무 지루하다고 응답하였다. 약 25%는 믿음이 엉뚱하며 성경의 가르침이 명확하지 않다고 하였다. 약 20%는 그들의 교회생활 경험에 비추어서 하나님이 부재하시다고 하였다.

3. 과학을 외면한 교회

약 30%의 청년들이 응답하기를, 교회는 과학적 발전과 논의에 대해 무관심하다는 것이었다.

4. 성교육에 대한 부적절한 태도

교회는 지나치게 단순하고 비판적이라고 한다. 20% 이상의 청년들이 말하기를, "무조건 안 된다"는 식의 교회 철학은 세상의 새로운 기술시대 성적문화에 부적절한 방식이라는 것이다. 세상 성적문화에 열려져 있는 젊은 싱글 크리스천들은 교회 안에서 너무 비판적인 시각으로 인해 힘들다고 응답하였다.

5. 극단적인 결정을 요구하는 교회

10명 중 3명의 젊은이들은, 현 다원적이고 다양한 문화시대에 교회가 너무 극단적인 자세를 취하고 있다고 응답하였다. 동일 수의 청년들은, 그들의 믿음과 그들의 친구 사이에서 양단간 결정을 하라는 교회의 강요를 느낀다고 하였다.

6. 의심의 눈초리를 보내는 교회
30% 이상의 청년들은, 교회가 의문을 표현할 수 있는 안전한 장소가 아니라고 응답하였다. 25% 이상의 청년들은, 진정으로 토론하여 답을 얻고자 하는 심각한 의문들을 가지고 있다고 응답하였다.

코멘트 : 이상의 내용은 현 시대의 모습을 그대로 반영하고 있음을 드러낸다. 어쩌면 오늘날 세상 사람들의 삶과 생각을 잘 반영하고 있다고 사료된다. 하지만 성경을 하나님의 말씀으로 인정하고 믿음의 생활을 하는 것은 세상의 모든 변화를 그대로 수용할 수 없는 삶이다. 물론 교회는 세상의 변화에 민감히 대처해야 한다. 그럼에도 불구하고 교회는 하나님과 성경의 자리에 세상을 모실 수는 없다.

편저자 코멘트

Turning 70
(나이 70세에 할 수 있는 것이 무엇일까?)

사람들은 70세가 되면, 내가 할 일은 모두 끝났다고 흔히 생각한다. 그러나 핫지(Hodge) 박사에게는 그렇지 않았다. 핫지 박사의 마지막 생애 몇 년은 그가 그의 서제에 편안히 앉아서 가장 생산적인 시간들을 보냈다. 그는 그의 노련한 펜으로 수천 페이지의 원고를 작성하여 그 원고들이 결국 그의 기념비적인 "조직신학"(Systematic Theology)과 그의 날카로움의 결정체인 "무엇이 다윈주의인가?"(What is Darwinism?)로 나타나게 되었다. ("When people reach their seventies, they often think their work is done. Not so with Hodge. His last years were among this most productive as he sat ensconced in his study, wielding his favorite pen to compose literally thousands of manuscript pages, which would eventually become his monumental Systematic Theology and his incisive What is Darwinism?"(p. vii))

윈스톤 처칠 (Winston Churchill)은 65세에 영국의 총리가 되었고 그 후 5년 동안 서방 세계를 자유로 이끌었다. 처칠은 82세에 "영어를 말하는 백성들의 역사"(A History of the English-Speaking Peoples)를 썼다. (At 65 Winston Churchill became Prime Minister of England, and for the next five years led the Western world to freedom. At 82 Winston Churchill wrote A History of the English-Speaking Peoples.)

영국의 작가요 사전 편집인인 사무엘 존슨 (Samuel Johnson)은 69세에 그의 마지막 주요 작품인 "영국 시인들의 생애"를 쓰기 시작했다.(At 69 English writer and lexicograper Samuel Johnson began his last major work, The Lives of the English Poets.)

로널드 레이건(Ronald Reagan)은 69세에 가장 나이 많은 미국 대통령으로 대통령 취임 선서를 하였고 73세에 재선되었다.(At 69 Ronald Reagan became the oldest man ever sworn in as president of the United States. He was reelected at 73.)

벤자민 프랭클린 (Benjamin Franklin)은 70세에 독립선언문 초본을 만드는데 협력했다.(At 70 Benjamin Franklin helped draft the Declaration of Independence.)

그랜드마 모서스(Grandma Moses)는 77세에 그림그리기를 시작했다. (At 77 Grandma Moses started painting.)

존 글랜(John Glenn)은 77세에 가장 나이 많은 사람으로 우주여행을 했다.(At 77 John Glenn became the oldest person to go into space.)

괴테(Johann Wolfgang von Goethe)는 82세에 그의 유명한 파우스트(Faust)를 탈고 했다. (At 82 Johann Wolfgang von Goethe finished writing his famous Faust.)

미켈란젤로(Michelangelo)는 88세에 싼타 마리아 데글리 안젤리의 교회당 건축 설계를 만들었다.(At 88 Michelangelo created the architectural plans for the Church of Santa Maria degli Angeli.)

알버트 슈바이쳐(Albert Schweitzer)는 89세에 아프리카에 있는 병원을 운영하였다.(At 89 Albert Schweitzer ran a hospital in Africa.)

아서 루빈스타인(Arthur Rubinstein)은 89세에 카네기홀(Carnegie Hall)에서 그의 가장 유명한 연주회를 지휘했다.(At 89 Arthur Rubinstein performed one of his greatest recitals in Carnegie Hall.)

워드하우스(P. G. Wodehouse)는 93세에 그의 97번째 소설을 썼고 작위를 받고 죽었다.(At 93 P.G. Wodehouse worked on his 97th novel, got knighted, and died.)

Paul C. Gutjahr 제공, 박형용 번역
Paul C. Gutjahr (Search museumofconceptualart.com/accomplished)
Paul C. Gutjahr, Charles Hodge: Guardian of   American Orthodoxy(Oxford, 2011)

건강을 지키기 위한 10가지 수칙

1. 감사하는 마음으로 산다.
   (세상의 아름다움을 깨닫게 됩니다)

2. 긍정적으로 세상을 본다.
   (동전에 양면이 있다는 사실을 믿게 됩니다)

3. 원칙대로 정직하게 산다.
   (당장은 힘들더라도 마음의 평화로움이 건강을 가져다
   줍니다)

4. 상대의 입장에서 생각해 본다.
   (마음의 폭이 넓어지고 풍요로 워 집니다)

5. 때로는 손해 볼 줄도 알아야 한다.
   (우선 내 마음이 편하고 언젠가는 반드시 되돌아오게
   됩니다)

6. 반가운 마음이 담긴 인사를 한다.

   (마음이 따뜻해지고 세상이 환해집니다)

7. 일부러라도 웃는 표정을 짓는다.

   (웃는 표정만으로도 기분이 밝아집니다)

8. 누구라도 칭찬을 한다.

   (상대방의 기쁨이 내 기쁨이 됩니다)

9. 약속시간엔 여유 있게 가서 기다린다.

   (시간의 여유가 마음의 여유를 줍니다)

10. 하루 세끼 맛있게 천천히 먹는다.

   (건강의 기본이요, 즐거움의 샘입니다)

남자와 여자의 결혼을
합법화해야 할 지경

　불란서에서는 프랑소아 올랑드 대통령 주재로 "동성결혼 허용 법안 초안"을 10월 31일(2012년) 내각에 제출할 예정으로 있다. 그리고 크리스찬 토비라 법무장관은 앞으로 불란서 모든 공문서에 "아버지, 어머니"대신 부모라는 표기를 하도록 하여 동성부부의 입장을 제고하도록 하겠다고 하였다.

　미국도 여러 주에서 동성결혼을 합법화하는 일이 벌어지고 있다. 하지만 아직도 하나님의 말씀대로 결혼을 남자와 여자가 하는 것이라고 확신하는 사람들이 아직도 많다.

　2012년 5월 9일 미국의 남부 주에 속하는 노스 캐로라이나(North Carolina)는 61% 대 39% 라는 큰 표 차이로 결혼은 남자와 여자가 하는 것이라고 합법화하는 30번째 주가 되었다. 결혼을 남자와 여자가 하는 것이라고 법제화할 필요는 없지만 시대가 시대인 만큼 미국 내의 보수주의적인 주에서는 동성결혼을 허락하지 않기 위해 법률로 결혼의 대상자를 남자와 여자로 정해 놓고 있다.

　성경은 하나님이 남자와 여자를 지으시고 그들이 부모를 떠나 한 몸이 될 것이요 이제 둘이 아니요 한 몸이니 하나님이 짝지어 주신 것을 사람이 나누지 못 할지니라고 가르친다(마 19:4-6).

편저자 전언

한국의 아리랑의 참 뜻

우리나라 아리랑의 참 뜻을 알고 계시나요.

어느 나라, 어느 민족에게나 그 민족의 영혼을 사로잡는 노래가 있습니다. 아리랑을 누가 언제부터 불렀는지는 알 수 없지만, 우리는 아리랑 민족이라고 불릴 만큼 지구촌 어느 곳에 둥지를 틀고 살아가든지, 아리랑 노래만 나오면 가슴이 뭉클해집니다.

"아리랑, 아리랑 아라리요
아리랑 고개를 넘어간다.
나를 버리고 가시는 님은
십리(十里)도 못가서 발병난다."

많은 사람들이 아리랑을 연가(戀歌)로 잘못 알고 있습니다. 아리랑은 단순한 연가가 아니라, 깊고 심오한 정신세계를 표현한 노래입니다.

'아리랑'은
'나 아(我)'
'이치 리(理)'
'즐거울 랑(朗)'입니다.
참 나를 깨닫는 즐거움을 노래한 것입니다.

"참 나를 깨닫는 즐거움이여, 참 나를 깨닫는 즐거움이여"
참 나를 깨닫기 위해서는 인생에 어려움과 고비가 있습니다.
그 어려움과 고비를 '고개'라고 표현한 것입니다.

아리랑 고개를 넘어간다는 것은 참 나를 깨닫기 위해 어려운 위기와 고비를 극복한다는 의미입니다.

'나를 버리고 가시는 님'은 참 나를 깨닫기를 포기하는 사람을 의미합니다.
'십'은 동양에서는 '완성'을 의미하는 것입니다.
'십리도 못가서 발병이 난다'는 것은 인생의 목적인 완성을 이루지 못하고 장애가 생긴다는 것입니다. 참 나를 깨닫기를 포기하는 사람은 완성을 이루지 못한다는 의미입니다.

　아리랑 속에는 깨달음과 인간완성을 향한 순수한 열망이 녹아들어 있습니다. 여러 가지 가사로, 가락으로 변형되어 전래되어 왔지만, 인간의 진정한 의미와 삶의 가치가 담겨 있기에 수천 년 동안 우리의 입으로, 가슴으로 전래된 것입니다.

　‘아리랑’에는 깨달음이 있습니다.
　‘아리랑’에는 순수한 영혼에 대한 열망이 있습니다.
　‘아리랑’에는 한민족의 혼이 있습니다.

　이 의미를 가슴에 담고 아리랑을 불러보십시오. 우리 안에 ‘진정한 나의 환한 빛’이 있음을 느낄 것입니다. 인생의 진정한 희망을 깨닫게 될 것입니다. 그때 ‘홍익인간’의 의미를 알게 될 것입니다.

　(세계에서 가장 아름다운 곡 1위)
　한국 고유의 전통 음악인 “아리랑”이 세계에서 가장 아름다운 곡 1위에 선정됐습니다. 영국, 미국, 프랑스, 독일, 이탈리아 작곡가들로 이루어진 세계 아름다운 곡 선정하기 대회에서 지지율 82%라는 엄청난 지지를 받고 선정 되었다는 우리의 아리랑이 자랑스럽습니다.

선정 과정 중에서 단 한명의 한국인도 없었기에 이들은 더욱 놀라는 눈치였다고 했습니다. "아리랑"은 음악을 사랑하는 세계인들에게 대한민국이라는 나라를 깨우쳐줬다 해도 과언은 아닌 듯싶습니다. 선정인들은 듣는 도중 몇 번씩 말로 표현할 수 없는 감동을 받았다고 합니다. 이들 모두 처음 듣는 곡이었으며 한국의 유명한 전자바이올리니스트 유진박이 아리랑을 전자바이올린으로 연주 했다고 합니다.

(유네스코 인류무형유산으로 지정)

우리 민족의 사랑을 받고 있는 '아리랑'이 유네스코 인류무형유산으로 지정됐습니다. 아리랑이 2012년12월 5일 프랑스 파리에서 열린 제7차 무형유산위원회 에서 인류무형유산으로 지정 되었습니다. 유네스코 인류무형유산(Intangible Cultural Heritage of Humanity)으로 등재된 것입니다. 이로써 우리나라는 총 15건의 인류무형유산을 보유하게 되었습니다.

시진핑 중국 국가주석이 주중한국대사에게 아리랑의 뜻을 물었다고 합니다. 아리랑에 대한 관심이 그만큼 높다는 것인데, 우리 대사는 어떻게 답했을지 궁금합니다.

누구나 알다시피 아리랑은 우리나라의 대표적인 구전민요입니다. 민족의 정한이 깃들인 이 노래는 남녀노소를 막론하고 가장 널리 애창되었던 겨레의 노래이며, 한말 이후 일제 강점기 때는 겨레의 울분과 억눌린 민족의 한을 표출하는 저항의 노래였습니다.

아리랑은 지역마다 각기 다른 아리랑이 있습니다.

평안도 -> '서도 아리랑'
강원도 -> '강원도 아리랑', '정선 아리랑'
함경도 -> '함경도 아리랑', '단천 아리랑', '어랑 타령'
경상도 -> '밀양 아리랑'
전라도 -> '진도 아리랑'
경기도 -> '긴 아리랑'
충청도 -> '충청도 아리랑'

류태영 박사가 이메일로 퍼 온 글 2015년 12월 27일

브릭스(BRICS)의 뜻

BRICS라는 용어는 이제 우리들의 귀에 익숙한 말이다. 그 뜻은 비(B)는 Brazil을 가리키고, 알(R)은 Russia를, 아이(I)는 India를, 씨(C)는 China를 가리키고, 그리고 에스(S)는 South Africa를 가리킨다. 이렇게 BRICS는 다섯 나라의 영어 명의 첫 자를 모은 것이다.

그런데 BRICS를 다른 뜻으로 사용할 수도 있다. B는 Bridge(다리), R은 Responsibility(책임), I는 Innovation(혁신), C는 Confidence(자신감), S는 Synergy(시너지)로 만드는 것이다.

이런 재치 있는 해석은 중국 공산당 기관지 런민(人民)일보가 지난 2012년 3월 28일 인도 뉴델리에서 열리는 제4차 브릭스 정상회의 개최를 앞두고 제시한 것이다.

편저자 전언

씨앗의 법칙 7가지

1. 먼저 뿌리고 나중에 거둔다.

   거두려면 먼저 씨를 뿌려야 한다.

   원하는 것을 얻으려면 먼저 주어야 한다.

2. 뿌리기 전에 밭을 갈아야 한다.

   씨가 뿌리를 내리려면 준비가 되어 있어야 한다.

   상대에게 필요한 것과 제공시기 및 방법을 파악하라.

3. 시간이 지나야 거둘 수 있다.

   어떤 씨앗도 뿌린 후 곧바로 거둘 수는 없다.

   제공했다고 해서 즉각 그 결과가 있기를 기대하지 마라.

4. 뿌린 씨, 전부 열매가 될 수는 없다.

   10개를 뿌렸다고 10개 모두에서 수확을 할 수는 없다.

   모든 일에 반대급부를 기대하지 마라.

5. 뿌린 것보다는 더 많이 거둔다.

   모든 씨앗에서 수확을 못해도 결국 뿌린 것보다는

   많이 거둔다. 너무 이해타산에 급급하지 마라.

6. 콩 심은 데 콩 나고, 팥 심은 데 팥 난다.

   다른 사람에게 손해를 끼치면 손해를 이익을 주면

   이익을 얻는다. 심는 대로 거둔다.

7. 종자는 남겨두어야 한다.

   수확한 씨앗 중 일부는 다시 뿌릴 수 있게 종자로

   남겨두어야 한다. 받았으면 다시 되 갚아라.

옮겨온 글 중에서
Rome, GA Grace 제공

대화의 방법(S.O.L.E.R.)

S-Square (어깨와 어깨가 네모)

O-Open Posture (열린 자세)

L-Lean (몸체와 마음을 기울이기)

E-Eye Contacts (눈 맞추기)

R-Relax (편안한 마음으로)

동성애 관련 여론 조사

퓨(Pew) 리서치 센터가 지난 2012년 7월에 발표한 동성애 관련 보고는 다음과 같다. 사람들의 생각이 점점 무관심과 이기주의적으로 변하고 있다.

미국 내 한국인 40%가 동성애를 지지한다.
미국 내 일본인 68%가 동성애를 지지한다.
미국 내 필리핀계 63%가 동성애를 지지한다.
미국 내 중국계 55%가 동성애를 지지한다.
미국 내 인도계 49%가 동성애를 지지한다.

미국 전체적으로 56%가 동성애를 지지하는 것으로 나타났다.

국민일보에 없는 세 가지

국민일보의 社是(사시)는 다음과 같이 세 가지로 정리한다.

사랑 (Agape) - 영원한 하나님의 사랑이 온 세상에 증거 되고 실현되게 하기 위해 언론의 사명을 다한다.

진실 (Truth) - 진실이 최후에 승리한다는 신념으로 법률에 어긋나지 않는 한 모든 진실을 보도하며 정직한 사회 구현을 휘해 언론의 사명을 다한다.

인간 (Human) - 하나님의 형상대로 지음을 받은 인간이 창조 섭리에 따라 가치 있고 존귀한 삶을 살 수 있도록 언론의 사명을 다한다.

그런데 국민일보에 없는 세 가지가 있다.

(1) 국민일보에는 술과 담배의 광고가 없다.

(2) 국민일보에는 이단의 광고가 없다.

(3) 국민일보에는 무속의 광고가 없다.

국민일토의 이런 신념이 계속 지켜질 수 있도록 한국교회는 국민일보를 적극 도와야 하겠다.

2014년 기독교 교육 브랜드 대상 시상식 (2014년 11월 5일)에서
국민일보 임한창 국장 증언

항공모함의 크기

2012년에 엔터프라이즈 핵추진 항공모함(Enterprise Nuclear)이 퇴역을 한다. 그런데 엔터프라이즈 항공모함을 수직으로 세우면 뉴욕에 위치한 엠파이어 스테이트 건물 (Empire State Building in New York)의 92층에 해당하는 높이가 된다. 넓은 바다를 운행할 때는 그렇게 크게 느껴지지 않지만 실제로 항공모함들은 상상을 초월할 정도로 큰 선박이다.

편저자 제공

알파벳으로 풀어 본
2010년 남아공 월드컵

World Cup=Wrong Decision + Octopus Paul + Ruin + Lionel Messi + Durban + Chaminator + Uruguay + Paraguayan model

WORLD CUP의 철자를 첫 자로 만들어 구성함.

Wrong Decision(오심), 레드 카드(Red Card) 감.

16강전 잉글랜드와 독일 전에서 잉글랜드 프랭크 램퍼드의 슛이 골라인 안쪽으로 떨어졌는데 심판이 골로 인정하지 않았다. 반면 멕시코 아르헨티나의 16강전에서 아르헨티나의 테베스가 완벽한 오프사이드 위치에서 넣은 헤딩슛은 골로 인정했다.

Octopus Paul(문어 파울), 암살 위협 받은 예언자.

독일의 문어 "파울"은 국기가 그려진 투명 플라스틱 상자의 홍합을 선택하는 방식으로 독일의 전 경기 승패를 맞히는 신통력을 발휘했다.

Ruin(몰락), 강팀인 이태리와 불란서가 16강전에서 탈락.

2006년 독일 월드 컵 주인공인 이태리와 불란서가 16강 진출에 실패했다.

Lionel Messi(리오넬 메시)의 수난.

골 포스트(goal post)만 몇 번이었더라. 리오넬 메시가 조별리그를 포함한 5경기 모두 풀타임을 뛰고도 무득점에 그친 불행을 겪었다.

Durban(더반, 약속의 땅), 엄마 16강 먹었어.

6월 23일 허정무 감독이 이끄는 한국 팀이 난적 나이제리아와의 경기에서 2-2로 비기고 사상 첫 원정 대회 16강 진출을 달성했다. 이곳에서 1974년 7월 홍수환이 세계복싱협회 밴텀급 타이틀매치에서 한국복싱사상 두 번째로 세계챔피언에 등극했다.

Chaminator(차미네이터, 차두리)라는 별명.

웃음이 매력적인 축구 로봇이라는 이름. 강철 체력을 가진 차두리가 "차두리는 사람이 아니라 로봇"이라는 별명을 받았다.

Uruguay(우루과이), 신의 손이 도와서.

가나와의 8강전에서 루이스 수아레스가 "신의 손"으로 논란의 중심에 서게 되었다. 수아레스는 연장 후반 종료 직전 상대의 헤딩슛을 손으로 막는 핸드볼 파울로 팀의 위기를 넘겼다. 가나는 페널티킥을 실패한 뒤 승부차기에서 무릎을 꿇었다.

Paraguayan model(파라과이 응원 녀)의 약속.

월드컵의 연인 파라과이 모델 라리사 리켈메는 자국 길거리 응원에서 "파라과이가 우승하면 알몸으로 뛰겠다"고 선언해서 전 세계 남성 팬들을 파라과이 서포터로 만들었다.

2010년 7월12일 (월)
동아일보 이승건 기자 제공

역대 대통령의 독서법

이승만 대통령-우뇌 형 독서법;

　전체의 흐름과 메시지를 빠르게 파악하라.

박정희 대통령-좌뇌 형 독서법;

　논리적 분석력을 발휘 꼼꼼하게 읽어라.

전두환 대통령-공격형 독서법;

　책을 읽을 때는 적극적으로 달려들어라.

노태우 대통령-심리적 독서법;

　상대의 의중을 파악하듯 관심사를 파헤치라.

김영삼 대통령-알맹이 독서법;

　알맹이만 빼먹듯 책의 핵심만 간파하라.

김대중 대통령-관찰 형 독서법;

　상상의 나래를 펴고 더욱 깊이 파고들어라.

노무현 대통령-비판 형 독서법;

　냉철한 사고로 본질을 꿰뚫어라.

이명박 대통령-실용적 독서법;

　책을 통해 얻은 지식 실생활에 적용시켜라.

최진 지음 "대통령의 독서법" 에서

우주의 신비 인간의 착각

밤하늘에 별이 총총히 박혀있다. 보는 사람의 마음을 설레게 한다. 우리는 우리가 보는 별이 현재 그 자리에 있는 별로 착각하고 산다. 사실상 오늘 저녁 우리가 관찰하는 북극성은 800년 전의 북극성이다. 그 이유는 800년 전에 발한 북극성의 빛을 우리는 오늘에야 볼 수 있기 때문이다. 우리는 13세기 초에 출발한 북극성의 빛을 바라보면서 그곳이 북쪽 하늘이라고 생각한다.

오늘 우리의 피부를 따스하게 하는 햇볕은 약 8분 전에 태양에서 출발한 빛이다. 지구에서 태양까지의 거리가 평균 약 1억4960만km이니 빛이 1초 동안 진행하는 속도인 30만km로 나누면 태양에서 지구까지 오는데 498초 정도 걸린다. 이처럼 우리는 현재로 생각하며 활동하지만 과거의 순간들이 우리의 현재를 둘러싸고 있는 것이다. 하지만 하나님은 과거, 현재, 미래를 한 순간에 보실 수 있기에 이런 문제와는 상관이 없다.

2013년 12월 2일
박형용 전언(국민일보 2013년 11월 30일,
이성규 과학칼럼니스트의 "달력 한 장의 시간" 참조)

치매를 예방하는 50가지 확실한 방법

01. 아침마다 맨손체조를 하라.
02. 좋은 물을 많이 마셔라.
03. 감사 기쁨의 말을 쓰고, 원망 비난의 말을 사용말라.
04. 뇌에 영양을 주는 식품을 섭취하라. 호두, 잣, 토마토, 녹차가 좋다.
05. 두부 청국장등 콩류를 많이 먹어라. 콩은 뇌 영양 물질 덩어리다.
06. 계란은 완전식품이다. 콜레스테롤 따위 신경쓰지 말고 먹어라.
07. 식탁에 멸치그릇을 놓아두고 수시로 먹어라. 멸치는 보약이다.
08. 치아가 손상되면 바로 고쳐라. 이가 없으면 치매도 빨리 온다.
09. 음식은 꼭꼭 씹어 먹어라.
10. 편식하지 말라.
11. 고민 갈등에 노예가 되지 말라.
12. 호두를 주머니에 넣고 다니며 굴리기를 하라.
13. 박수를 열심히 쳐라.
14. 화가에게는 치매가 없다. 손으로 많이 그려라.
15. 악단 지휘자는 모두 장수한다. 손을 많이 쓰라.
16. 뜨개질을 하라.. 머리와 손을 많이 사용하라.

17. 가운데 손가락을 마찰하라. 뇌가 즉각 반응한다.

18. 손을 뜨거울 때까지 비벼라. 그 손으로 온몸을
    마찰하라.

19. 집 앞을 쓸어라. 청소도 되고 운동도 된다.

20. 때로는 몸만 쉬지 말고. 생각도 쉬어라.

21. 뜨겁게 사랑하라. 사랑이 뜨거우면 치매는 도망친다.

22. 화내지 말라. 흥분 할 때마다 수십만 개의 뇌세포가
    파괴된다.

23. 남을 미워 말라. 미움은 피에 독성물질을 만들어 낸다.

24. 과거에 집착 말라. 미래를 설계하라.

25. 잔소리하지 말라. 하는 者나 듣는 者나 다 같이 氣가
    소진된다.

26. 짜증은 체질을 산성으로 만든다. 산성체질은
    종합병원이다.

27. 머리는 차게 발은 따뜻하게 하면 의사가 필요없다.

28. 겨울 외출 시에는 방한모와 장갑을 꼭 지참하라.

29. 정수리를 10분 씩 두드려라. 뇌에 좋은 자극이 된다.

30. 헌 마음 버리면 새 마음이 들어온다.

31. 책이나 글을 많이 읽어라. 소리 내어 읽으면 최고의
    뇌운동이다.

32. 이름 전화번호 숫자와 지명 등을 열심히 외워라.
    머리를 쓰라.

33. 취미 생활은 삶의 윤활유다. 적극적으로 취미활동을
    하라.

34. 스트레스가 만병의 원인이다. 빨리 풀어라.
35. 스님은 치매가없다. 108배의 효능이 두뇌까지 영향을
    미친다.
36. 대화 상대를 만들어라. 외로움은 가장 큰 형벌이다.
37. 노래방기기를 장만하라. 노래와 춤은 치매예방의
    최고다.
38. 글의 쓰기와 읽기를 생활화하라. 뇌 운동에는
    그만이다.
39. 퍼즐 게임 끝말 읽기를 즐겨보라. 머리가 녹슬지
    않는다.
40. 낙천적인 사람은 치매에 걸리지 않는다. 성격을
    개조하라.
41. 많이 움직여라. 몸도 마음도 활동이 멈추면 병들게
    마련이다.
42. 호기심을 가져라. 삶의 윤활유가 된다.
43. 봉사와 베푸는 마음은 뇌를 건강하게 한다.
44. 밥을 잘 먹고 숙면을 취하라. 잘 먹고 잘 자는
    사람이 건강하다.
45. 박장대소 포복절도 요절복통의 달인이 되라.
46. 억지로 참다 보면 뇌세포에 손상이 온다.
47. 청소와 세탁은 기계로 하지 말고 손 청소 손빨래로 하라.
48. 술, 담배와 결별하라.
49. 명상과 호흡을 배워 여유 있는 마음을 가져라.
50. 신앙을 가져라. 신앙의 힘은 기적을 만든다.

다른 한편

* 보건복지부주관-아주대 의학연구팀이 대규모 연구,
  예방 가이드라인을 발간했다.
* 전 세계의 치매예방 논문 161편을 면밀히 분석 대표적인
  치매 예방법 베스트 7가지를 다음과 같이 선정하여
  권장하기로 하였다.

1. 매일친구를 만나고, 집 청소를 하라 (최고수준)
   청소하기, 정원 가꾸기, 뜨게 질, 요리하기, 스포츠,
   종교 활동 등 3가지 매일 실행 시 80% 예방 가능.

2. 활발한 두뇌활동이 인지기능 저하예방 (최고수준)
   새로은 것을 배우고, 새로운 경험으로 뇌에 자극 기억력
   과 정보처리 능력이 향상된다. (이메일 쓰기, 책, 신문
   읽기, 악기 배우기 등, 인지기능 개선효과)

3. 주3회 이상 걷기운동(매우우수)
   1회에 30분 이상, 3,4km

4. 적당한 음주는 치매를 예방한다. (매우우수)

   1주에 1-2잔 3회,(많은 술은 오히려 치매유발)

   알쯔하이머 성, 혈관성 치매를 낮춘다.

5. 등 푸른 생선과 우유, 과일주스를 마시자 (매우 우수)

   등 푸른 생선은 오메가-3가 풍부하여 뇌 세포를

   보호하고, 우유는 뇌신경을 보호한다. 항산화 성분의

   과일 야채는 뇌혈관을 세척한다.

6. 비타민C-E.와 엽산 보충제 복용한다(매우 우수)

   복용한 사람은 50 - 66% 발병률이 낮게된다.

7. 담배를 끊지 않고는 효과가(미미)없다.

   흡연은 신경세포를 사멸토록 하여 치매가능성을

   높인다. 흡연자는 비 흡연자보다 치매 확률이 3배 높게

   나타난다.

"E-메일 벗님들의 건강관리를 위하여 자료에서 핵심사항만 요약 하였습니다."
꼭 참고 바랍니다.

자랑스러운 우리 대한민국

다음은 2016년 12월 16일 기준의 통계이다.

전 세계 229개 국가 중 영토 규모 102위

전 세계 229개 국가 중 인구 규모 59위

그러나 세계 경제력 11위

세계 군사력 15위(핵무기 제외 시 6위)

4세대 통신망 와이브로 국제 전매특허

세계 반도체 생산율 1위

세계 조선 산업 제조 1위

세계 철강 제조 산업 1위

세계 초고속 통신망 보급률 1위

세계 디지털기회 지수 1위

세계 학교 정보화 지수 1위

세계 금세공 기술 1위

119서비스 화재진압 및 응급환자 구조력 등

세계 최고 수준

세계 온라인게임 제작 기술 세계 최고 수준

세계 단일 원자력 발전소 이용률 1위

세계 범죄 검거비율 2위

세계 화폐제조 기술 미국에 이어 2위

세계 LCD 생산 산업 2위

세계 휴대폰 산업 2위

세계 건설 산업 규모 3위

세계 자동차 생산율 3위

1mt급 인공위성 6개 보유국 중 한 곳

외환보유액 2,150억 달러(5월13일 현재): 4위

세계 저축률 8위

세계 10대 채권국

세계 국가 신용등급 A 등급

자체 군수물자 생산 17개국 중 14위

한국군 →육군 3위, 공군 8위, 해군 14위

KI 탱크 공격 수준 독일의 레오파드에 이은 2위

세계 시장 점유율 50% 이상 점유 중인 물품 개수

(270개→ 전지렌지 등)

세계 특허시장 점유율 7위

대미 무역 흑자 국

세계에서 가장 아름다운 도시(서울 10위)

세계 정치 부패비율 89위

세계 10대 스포츠 강국

2002년 월드컵 4강

태권도 양궁 쇼트트랙 독점시대

세계 다섯 번째 고속철 보유국가

초고층 복합도시 두바이 건설

수출 2600 억불 달성 이룸

인천공항 : 규모 3위 총체적 1위

세계 국민 문맹률 최저 확인

이것이 우리의 국력입니다.

류태영의 사랑편지에서 2016년 12월 16일

한국 선교사 파송 현황

2011년 한국교회는 169개국에 23,331명의 선교사를 파송했다. 이 숫자는 2010년 보다 1,317명이 늘어난 숫자이다.

그런데 한국선교연구원(KRIM, 문상철 원장)이 2014년 3월 10일 발표한 바에 의하면 2013년까지 파송된 한국 선교사는 171개국에 20,085명으로 알려졌다. 이는 지난 2014년 1월 한국세계선교협의회(KWMA)가 발표한 25,745명보다 5,660명이 줄어든 숫자이다. 한국선교연구원의 분석에 의하면 선교사 파송 숫자는 매년 조금씩 증가하고 있지만 그 증가 폭은 점점 감소하고 있다고 한다. 한국교회는 이 점에 관심을 기울여야 한다.

문상철 원장 제공

북한 말 따라잡기

망질 – 맷돌질
원주필 – 볼펜
안해 – 아내
만풍년 – 대풍년
차떡 – 찰떡
불알 – 전구
떼불알 – 샨들리어
막대불알 – 현광등
송아지 동무 – 소꿉동무
숫보지 말라 – 업신여기지 말라
말밥에 오르다 – 구설수에 오르다
인차하여 – 지체함 없이, 바로(이내)
날틀 – 비행기
배움집 – 학교
물둥지 – 작은 규모의 저수지
놀새 – 일하기 싫어하고 놀기만 좋아 하는 사람
꼴바싸 – 쏘시지
가승 – 거스름돈
마치 – 망치

천신 – 운동화

마가리 – 오두막

꽝포 – 거짓말

가시어머니 – 장모

가락지 빵 – 도넛

차 마당 – 주차장

후 어머니 – 계모

일없다 – 괜찮다

발면발면 – 살금살금

가가 – 가게

에미 나이 – 계집아이

수표하다 – 서명하다

부화 – 간통

둥글 파 – 양파

거리나무 – 가로수

가위주먹 – 가위바위보

깠다 – 몸무게를 줄이다

입지 – 입을 닦는 휴지

위생사업을 했습니다 – 이발을 했습니다.

박기석, 샘물 같은 평양 말(서울: 도서출판 역락, 2009)과
류태영의 사랑편지에서 참조

러시아의 특징

나무는 많은데 종이는 없다.

원유는 많은데 휘발유는 없다.

땅은 넓은데 쌀은 없다.

편저자 전언

웃음과 찡그림의 차이

웃을 때 움직이는 얼굴에 있는 근육은
14개로 알려져 있다.

찡그릴 때 움직이는 얼굴에 있는 근육은
72개로 알려져 있다.

많이 웃으면 젊게 보이고
많이 찡그리면 늙게 보이는 것은 당연하다.

하나님은 인간이 많이 웃으면서 살도록 창조하셨다.

박형용 전언

하 나 님 이 가 라 사 대

"내가
   항상 너와
   함께 하마"

박형용 지음

초판 1쇄 2018년 10월 22일

펴낸이 오광석 | **편집 및 디자인** 성진인쇄소
펴낸곳 도서출판 좋은미래
등록번호 제 40호
주소 14995 경기드 시흥시 승지로60번길 25(능곡동) 센타프라자 7층
대표전화 031)405-0042~4
팩스 031)484-0753

ISBN 979-11-964578-0-8 03230